EBS랑 홈스쿨 초등 영어

HOME SCHOOL

초등 영문법 2

⬇ 정답과 해설은 EBS 초등사이트(primary.ebs.co.kr)에서 다운로드 받으실 수 있습니다.

EBS랑 홈스쿨 초등 영어

HOME SCHOOL

초등 영문법 2

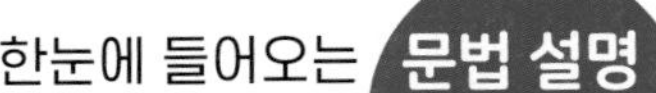

한눈에 들어오는 문법 설명

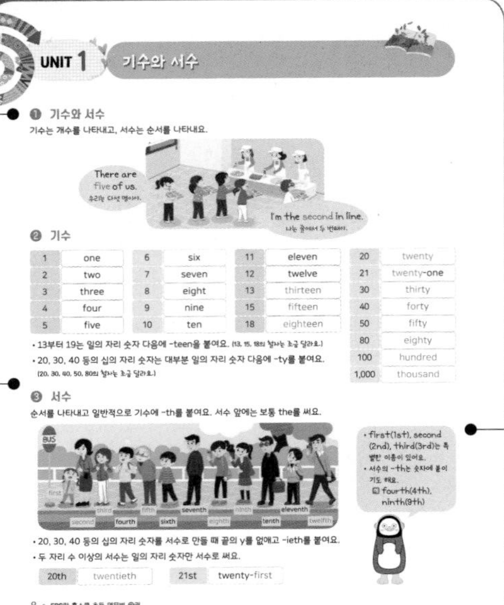

UNIT 1 기수와 서수

❶ 기수와 서수
기수는 개수를 나타내고, 서수는 순서를 나타내요.

There are five of us.
우리는 다섯 명이야.
I'm the second in line.
나는 줄에서 두 번째야.

❷ 기수

1	one	6	six	11	eleven	20	twenty
2	two	7	seven	12	twelve	21	twenty-one
3	three	8	eight	13	thirteen	30	thirty
4	four	9	nine	15	fifteen	40	forty
5	five	10	ten	18	eighteen	50	fifty
						80	eighty
						100	hundred
						1,000	thousand

• 13부터 19는 일의 자리 숫자 다음에 -teen을 붙여요.
• 20, 30, 40 등의 십의 자리 숫자는 대부분 일의 자리 숫자 다음에 -ty를 붙여요.

❸ 서수
순서를 나타내고 일반적으로 기수에 -th를 붙여요. 서수 앞에는 보통 the를 써요.

BUS
first
second
fourth
sixth
seventh
eighth
tenth
eleventh
twelfth
• first(1st), second(2nd), third(3rd)는 특별한 이름이 있어요.
• 서수의 -th는 숫자에 붙여 기도 해요.
예 fourth(4th), ninth(9th)

• 20, 30, 40 등의 십의 자리 숫자를 서수로 만들 때 끝의 y를 없애고 -ieth를 붙여요.
• 두 자리 수 이상의 서수는 일의 자리 숫자만 서수로 써요.

20th	twentieth	21st	twenty-first

8 • EBS랑 홈스쿨 초등 영문법 ❶권

▶ 그림과 도식을 통해 기본적인 문법들이 이해하기 쉽게 구성되었습니다.

▶ 규칙이 시각적으로 제시되어 원리와 문장 속에서의 활용을 한눈에 파악할 수 있습니다.

해당 문법과 관련하여 실수하기 쉬운 부분은 펭수가 한 번 더 짚어 주어 문제 풀이에서 실수를 줄이도록 구성되었습니다.

STEP 1 기초 탄탄

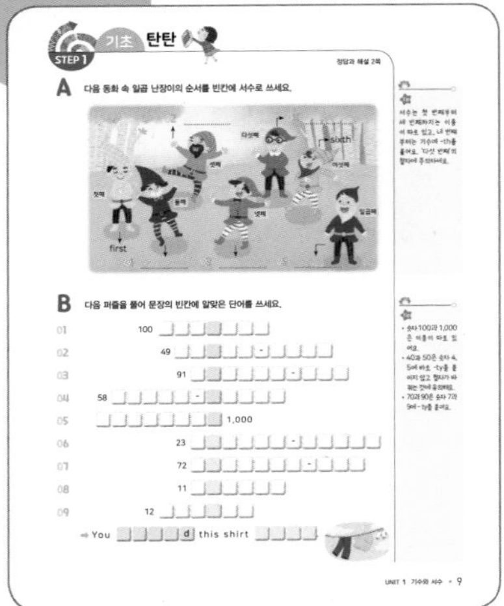

STEP 1 기초 탄탄

A 다음 동화 속 일곱 난쟁이의 순서를 빈칸에 서수로 쓰세요.

B 다음 퍼즐을 풀어 문장의 빈칸에 알맞은 단어를 쓰세요.

01 100
02 49
03 91
04 58
05 1,000
06 23
07 72
08 11
09 12

⇨ You ___d this shirt ___

UNIT 1 기수와 서수 • 9

각 Unit의 문법 사항을 반복적인 연습을 통해 완벽하게 익힐 수 있는 구성입니다. 문법 설명에서 어렵게 느껴졌던 부분도 아주 쉬운 난이도의 문제로 반복 훈련이 가능하여, 앞에서 학습한 문법 개념을 다시 정리할 수 있습니다.

STEP 2 실력 쑥쑥

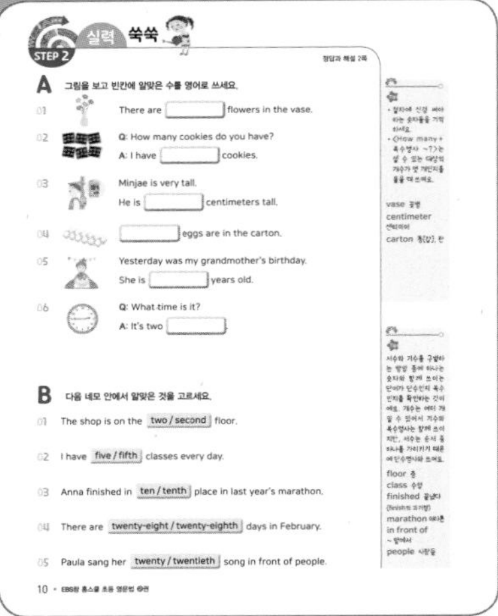

STEP 2 실력 쑥쑥

A 그림을 보고 빈칸에 알맞은 수를 영어로 쓰세요.

01 There are ___ flowers in the vase.
02 Q: How many cookies do you have?
A: I have ___ cookies.
03 Minjae is very tall.
He is ___ centimeters tall.
04 ___ eggs are in the carton.
05 Yesterday was my grandmother's birthday.
She is ___ years old.
06 Q: What time is it?
A: It's two ___

B 다음 네모 안에서 알맞은 것을 고르세요.

01 The shop is on the [two / second] floor.
02 I have [five / fifth] classes every day.
03 Anna finished in [ten / tenth] place in last year's marathon.
04 There are [twenty-eight / twenty-eighth] days in February.
05 Paula sang her [twenty / twentieth] song in front of people.

10 • EBS랑 홈스쿨 초등 영문법 ❶권

단답형 유형의 연습 문제로 각 Unit에서 학습한 문법 내용을 간단하게 써 보거나 골라 보면서 연습할 수 있도록 구성되었습니다.

STEP 3 쓰기로 완성

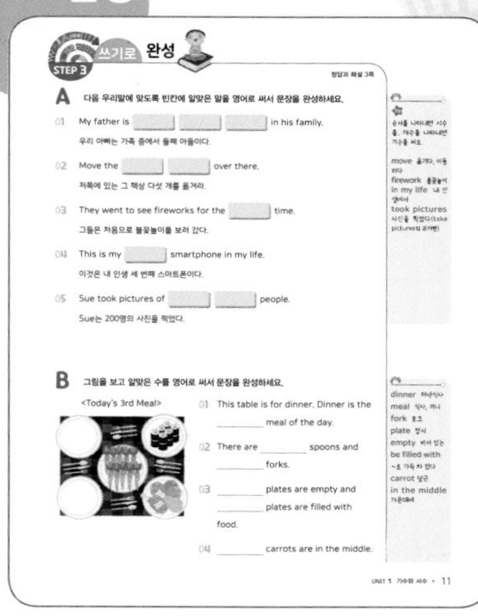

각 Unit에서 다루고 있는 문법을 대화나 스토리텔링에 적용하여 영어 시험에서 비중이 높아지는 서술형 문제까지 대비할 수 있게 구성되었습니다.

Check! 체크!

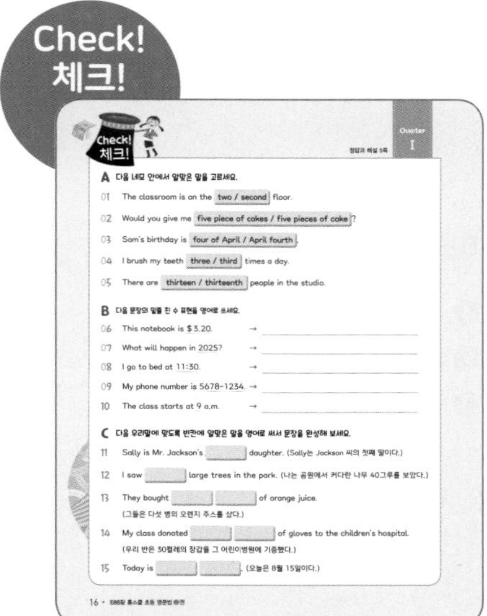

각 Chapter에서 다루고 있는 문법 사항을 모두 모아서 꼼꼼히 정리하고, 각 Unit에서 학습한 문법을 종합적으로 다시 한 번 확인해 보는 코너로 구성되었습니다.

Actual Test

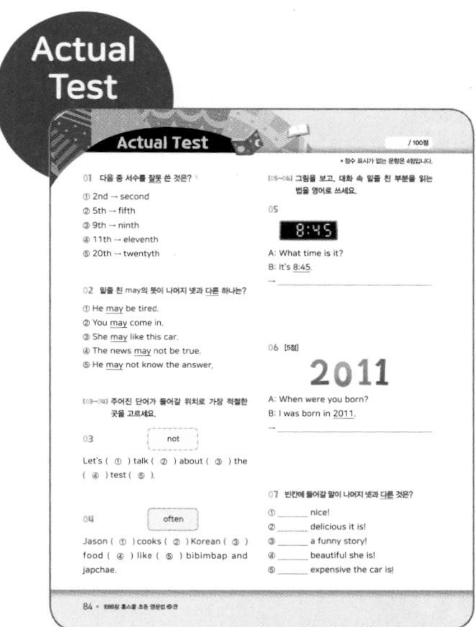

종합적으로 문법 사항들의 활용 능력을 묻는 문제들로 선다형 문제와 서술형 문제를 골고루 연습할 수 있게 구성되었습니다.

이 교재의 차례

Chapter V 문장의 종류

Chapter VI 전치사와 접속사

이 교재의 대상과 특장점

Q 어떤 교재인가요?

A 본 교재는 읽기와 쓰기 영어 학습에 적응하기 위한 첫 단계로 익혀야 하는 기초적인 문법을 간략한 개념 설명으로 복습하고, 충분하고 풍부한 문항 연습을 제공할 수 있도록 구성된 워크북 형식의 교재입니다. EBS 기초 영문법 교재와 함께 학습하시면 개념과 연습을 좀 더 충분히 할 수 있습니다.

Q 누구를 위한 교재인가요?

A 초등 저학년부터 영어를 어느 정도 수준까지 마스터한 초등 고학년, 그리고 중학교에 들어와 문법의 기초가 부족하다고 느끼는 친구까지 모두 활용 가능한 교재입니다. 문법의 개념을 익힌 후 다양한 문제들을 통해 중학교 영어 학습을 위한 기초를 탄탄하게 다지고 싶은 학생들에게 적합한 교재입니다.

Q 이 교재로 공부하면 어떤 점이 좋을까요?

A 본 교재는 아주 쉬운 난이도에서 고급 난이도까지의 문제를 단계별로 포함하고 있어서 초등에서 중등으로 진학할 때 영어 학습에서 마주치게 되는 수준의 차이를 최소화하고, 듣기와 말하기 위주의 초등 영어를 가장 부드럽게 언어 형식, 즉 문법으로 연결해 주는 역할을 해 줄 것입니다. 따라서 여러분이 중학교 수업에서 사용되는 문법 용어나 단어들을 미리 학습할 수 있어 중학교 수업에 자신감을 갖도록 도움을 줄 것입니다. 강의와 함께하시면 더욱 큰 학습 효과가 있을 것입니다.

Chapter I

수

UNIT 1 기수와 서수

❶ 기수와 서수

기수는 개수를 나타내고, 서수는 순서를 나타내요.

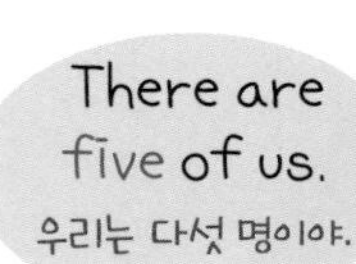

There are five of us.
우리는 다섯 명이야.

I'm the second in line.
나는 줄에서 두 번째야.

❷ 기수

1	one	6	six	11	eleven	20	twenty
2	two	7	seven	12	twelve	21	twenty-one
3	three	8	eight	13	thirteen	30	thirty
4	four	9	nine	15	fifteen	40	forty
5	five	10	ten	18	eighteen	50	fifty
						80	eighty
						100	hundred
						1,000	thousand

- 13부터 19는 일의 자리 숫자 다음에 -teen을 붙여요. (13, 15, 18의 철자는 조금 달라요.)
- 20, 30, 40 등의 십의 자리 숫자는 대부분 일의 자리 숫자 다음에 -ty를 붙여요. (20, 30, 40, 50, 80의 철자는 조금 달라요.)

❸ 서수

순서를 나타내고 일반적으로 기수에 -th를 붙여요. 서수 앞에는 보통 the를 써요.

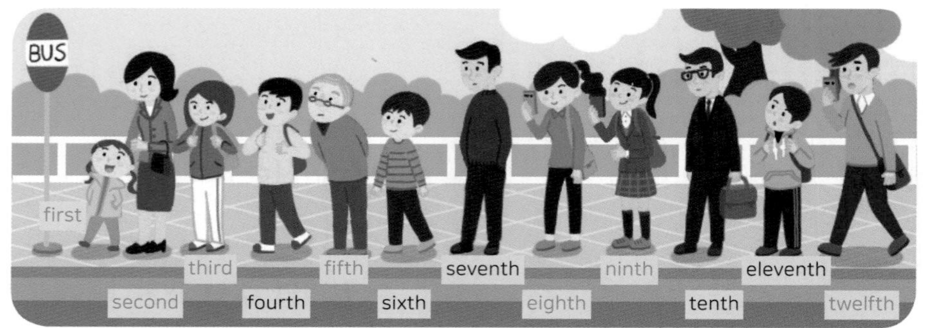

- first(1st), second(2nd), third(3rd)는 특별한 이름이 있어요.
- 서수의 -th는 숫자에 붙이기도 해요.
  예 fourth(4th), ninth(9th)

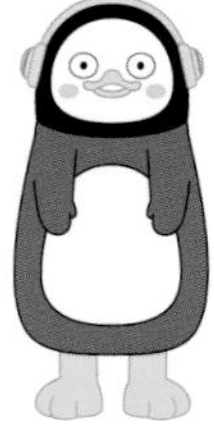

- 20, 30, 40 등의 십의 자리 숫자를 서수로 만들 때 끝의 y를 없애고 -ieth를 붙여요.
- 두 자리 수 이상의 서수는 일의 자리 숫자만 서수로 써요.

20th	twentieth	21st	twenty-first

정답과 해설 2쪽

A 다음 동화 속 일곱 난장이의 순서를 빈칸에 서수로 쓰세요.

Tip
서수는 첫 번째부터 세 번째까지는 이름이 따로 있고, 네 번째부터는 기수에 -th를 붙여요. '다섯 번째'의 철자에 주의하세요.

B 다음 퍼즐을 풀어 문장의 빈칸에 알맞은 단어를 쓰세요.

01 100 □□□□□□□

02 49 □□□□□-□□□□

03 91 □□□□□□-□□□

04 58 □□□□□-□□□□□

05 □□□□□□□□ 1,000

06 23 □□□□□□-□□□□□

07 72 □□□□□□□-□□□

08 11 □□□□□□

09 12 □□□□□□

➡ You □□□□d this shirt □□□□.

Tip
- 숫자 100과 1,000은 이름이 따로 있어요.
- 40과 50은 숫자 4, 5에 바로 -ty를 붙이지 않고 철자가 바뀌는 것에 유의해요.
- 70과 90은 숫자 7과 9에 -ty를 붙여요.

정답과 해설 2쪽

A 그림을 보고 빈칸에 알맞은 수를 영어로 쓰세요.

01 There are [ ] flowers in the vase.

02 **Q**: How many cookies do you have?
A: I have [ ] cookies.

03 Minjae is very tall.
He is [ ] centimeters tall.

04 [ ] eggs are in the carton.

05 Yesterday was my grandmother's birthday.
She is [ ] years old.

06 **Q**: What time is it?
A: It's two [ ].

Tip
- 철자에 신경 써야 하는 숫자들을 기억하세요.
- <How many + 복수명사 ~?>는 셀 수 있는 대상의 개수가 몇 개인지를 물을 때 쓰여요.

vase 꽃병
centimeter 센티미터
carton 통[갑], 판

B 다음 네모 안에서 알맞은 것을 고르세요.

01 The shop is on the [two / second] floor.

02 I have [five / fifth] classes every day.

03 Anna finished in [ten / tenth] place in last year's marathon.

04 There are [twenty-eight / twenty-eighth] days in February.

05 Paula sang her [twenty / twentieth] song in front of people.

Tip
서수와 기수를 구별하는 방법 중에 하나는 숫자와 함께 쓰이는 단어가 단수인지 복수인지를 확인하는 것이에요. 개수는 여러 개일 수 있어서 기수와 복수명사는 함께 쓰이지만, 서수는 순서 중 하나를 가리키기 때문에 단수명사와 쓰여요.

floor 층
class 수업
finished 끝냈다 (finish의 과거형)
marathon 마라톤
in front of ~ 앞에서
people 사람들

정답과 해설 3쪽

A 다음 우리말에 맞도록 빈칸에 알맞은 말을 영어로 써서 문장을 완성하세요.

01 My father is ______ ______ ______ in his family.
우리 아빠는 가족 중에서 둘째 아들이다.

02 Move the ______ ______ over there.
저쪽에 있는 그 책상 다섯 개를 옮겨라.

03 They went to see fireworks for the ______ time.
그들은 처음으로 불꽃놀이를 보러 갔다.

04 This is my ______ smartphone in my life.
이것은 내 인생 세 번째 스마트폰이다.

05 Sue took pictures of ______ ______ people.
Sue는 200명의 사진을 찍었다.

Tip
순서를 나타내면 서수를, 개수를 나타내면 기수를 써요.

move 옮기다, 이동하다
firework 불꽃놀이
in my life 내 인생에서
took pictures 사진을 찍었다(take pictures의 과거형)

B 그림을 보고 알맞은 수를 영어로 써서 문장을 완성하세요.

<Today's 3rd Meal>

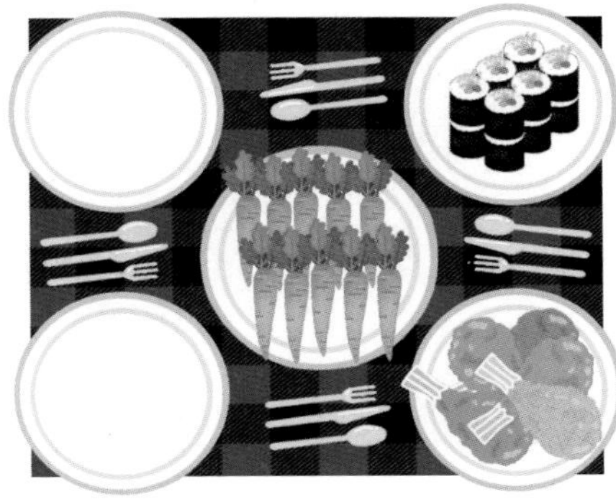

01 This table is for dinner. Dinner is the ______ meal of the day.

02 There are ______ spoons and ______ forks.

03 ______ plates are empty and ______ plates are filled with food.

04 ______ carrots are in the middle.

dinner 저녁식사
meal 식사, 끼니
fork 포크
plate 접시
empty 비어 있는
be filled with ~로 가득 차 있다
carrot 당근
in the middle 가운데에

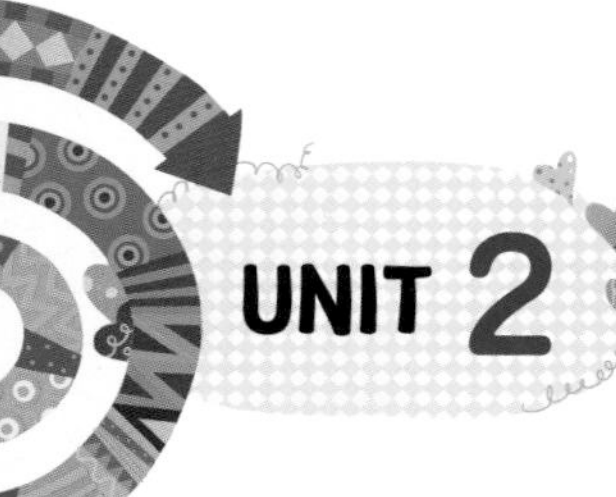

UNIT 2 수 읽기와 수량 표현

❶ 수 읽기와 수량 표현하기

시간, 날짜, 연도, 금액, 전화번호 등은 각각 읽는 방법이 다르고, 수량을 표현하는 방법은 다양해요.

It's 8:30.
It's time to go.
8시 30분이야.
갈 시간이다.
Okay.
I'd like a glass of water now.
알겠어요. 지금 물 한 잔 마시고 싶어요.

❷ 수 읽기

• 시간: 시와 분을 각각 따로 읽고, 오전(a.m.)과 오후(p.m.)를 구별하기도 해요.

예 10:00 (a.m.) → ten (o'clock) (a.m.)　　6:40 p.m. → six forty p.m.

• 날짜: 달은 각각 이름이 따로 있고, 날짜는 서수로 읽어요.

SEPTEMBER 21

표기	읽기
September 21st September 21 / 21st September	September (the) twenty first the twenty first of September

• 연도: 원칙적으로 두 자리씩 끊어 읽어요. 통째로 읽기도 해요.

예 2021: 20/21 → twenty twenty-one 또는 two thousand twenty-one

• 금액: 기수 읽는 방법과 같으나 돈의 단위(dollar, cent)를 금액 다음에 넣어 읽어 주면 돼요.

예 $23.75: twenty-three dollars seventy-five cents

• 전화번호: 숫자를 하나하나 읽으면 돼요.

예 010-1234-5678: zero[oh] one zero[oh] one two three four five six seven eight

❸ 셀 수 없는 명사의 수량 표현

셀 수 없는 명사의 수량을 나타낼 때: 〈숫자+수량을 나타내는 단어+of+명사〉

여러 개일 때는 수량을 나타내는 단어에 '-s'를 붙여요.

a bottle of water

two spoonfuls of sugar

three cups of coffee

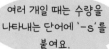

five sheets of paper

four pieces of cake

two slices of bread

a pair of shoes

정답과 해설 3쪽

A 다음 그림에 주어진 수 표현을 영어로 쓰세요.

01

____

02

____

03

____

04

____

05

____

Tip

- 시각은 시와 분을 따로따로 읽어요.
- 가격은 수를 읽은 후에 돈의 단위를 붙여요.
- 연도는 두 자리씩 끊어 읽어요.
- 월은 월마다 이름이 있고, 날짜는 서수로 읽어요.
- 전화번호는 숫자를 하나하나 읽어요.

B 다음 보기에서 알맞은 단어를 골라 빈칸에 쓰세요.

보기					
one	two	three	cups	sheets	pieces
four	five	seven	spoonful	bottles	slices

01

________ ________ of cake

02
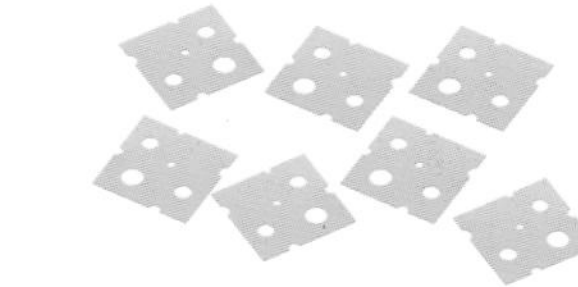
________ ________ of cheese

03

________ ________ of paper

04

________ ________ of milk

05

________ ________ of salt

06

________ ________ of coffee

Tip

둘 이상의 수량을 표현할 때는 수량을 나타내는 단어에 -s를 붙여요.

sheet 장
piece 조각
spoonful 한 숟가락[스푼] (가득한 양)
bottle 병
slice (얇게 썬) 조각
salt 소금

쑥쑥

정답과 해설 4쪽

A 다음 문장에서 밑줄 친 부분을 수 읽는 방법에 맞도록 영어로 쓰세요.

01 I was born in 2008. ________

02 My birthday is 3 January. ________

03 Kevin's new phone number is 090-9390-3445. ________

04 This hot dog is $1.50. ________

05 It is 7:30. Time to wake up! ________

Tip

- 연도는 두 자리씩 끊어 읽어요.
- 날짜는 서수로 읽어요.
- 전화번호는 한 자리씩 읽어요.
- 금액은 기수와 같이 읽으나 돈의 단위를 함께 읽어 줘요.
- 시각을 읽을 때는 시와 분을 각각 따로 읽어요.

was born 태어났다
wake up 일어나다

B 다음 우리말에 맞도록 빈칸에 알맞은 말을 영어로 쓰세요.

01 나는 매일 우유 한 잔을 마신다.
I drink ____ ____ of milk every day.

02 090-2477-7788로 전화를 거세요. Call ________, please.

03 우리는 어제 두 박스의 초콜릿을 샀다.
We bought ____ ____ of chocolate yesterday.

04 2월 14일은 발렌타인 데이이다.
____ ____ of February is Valentine's Day.

05 차 한 잔 드실래요?
Would you like to drink a ____ ____ ____?

06 2021년은 최고의 해이다. ________ is the best year.

every day 매일
call 전화하다
bought 샀다(buy의 과거형)
yesterday 어제
Would you like to ~? ~하고 싶어요?
the best 최고인; 최고

정답과 해설 4쪽

A 다음 우리말에 맞도록 주어진 단어를 순서대로 배열하여 문장을 완성하세요.

01 이 아이템의 가격은 50센트이다. (this item, is, fifty cents, of)

→ The price ____.

02 청바지 한 벌을 사고 싶다. (jeans, buy, a pair of)

→ I want to ____.

03 그들은 7월 7일에 불꽃놀이를 보러 갔다. (July seventh, fireworks, on)

→ They went to see ____.

04 종이 세 장을 저에게 가져오세요. (paper, sheets, three, of)

→ Bring me ____.

05 그녀는 신발 두 켤레를 골랐다. (two, of, chose, shoes, pairs)

→ She ____.

Tip

- 가격은 숫자 다음에 돈의 단위를 말해요.
- 바지, 가위, 신발 등 두 개가 모여 하나를 이루는 것을 셀 때는 a pair of라는 표현을 써요.
- 날짜 앞에는 전치사 on을 써요.
- 종이를 세는 단위는 sheet예요.

price 가격
jeans 청바지
pair 짝, 쌍
firework 불꽃놀이
bring 가져오다
chose 골랐다 (choose의 과거형)

B 그림에 맞도록 빈칸에 알맞은 말을 넣어 대화를 완성하세요.

01

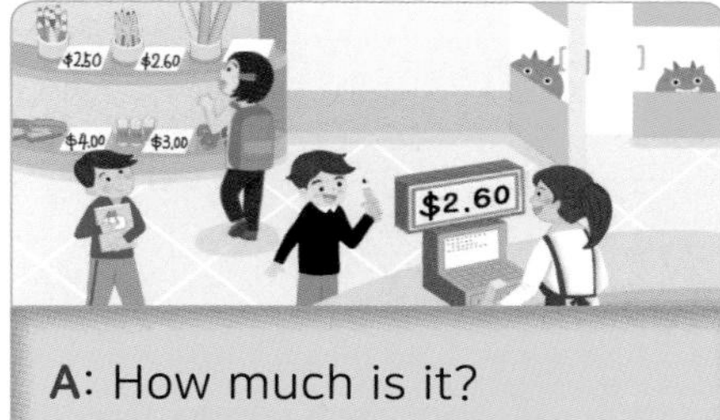

A: How much is it?
B: It is ____________________
____________________.

02

A: The winter vacation is coming!
B: Yes. It starts on __________
____________________.

03

A: Mom, I'd like to get some new pants.
B: Okay, let's buy two __________ of pants.

04

A: Are you hungry?
B: Yes! I want to eat three __________ of cake.

How much ~? ~은 얼마예요?
vacation 방학
start 시작하다
I'd like to ~. 나는 ~하고 싶다.
pants 바지
let's ~ ~하자
hungry 배고픈

A 다음 네모 안에서 알맞은 말을 고르세요.

01 The classroom is on the [two / second] floor.

02 Would you give me [five piece of cakes / five pieces of cake]?

03 Sam's birthday is [four of April / April fourth].

04 I brush my teeth [three / third] times a day.

05 There are [thirteen / thirteenth] people in the studio.

B 다음 문장의 밑줄 친 수 표현을 영어로 쓰세요.

06 This notebook is $3.20. → ____________________

07 What will happen in 2025? → ____________________

08 I go to bed at 11:30. → ____________________

09 My phone number is 5678-1234. → ____________________

10 The class starts at 9 a.m. → ____________________

C 다음 우리말에 맞도록 빈칸에 알맞은 말을 영어로 써서 문장을 완성해 보세요.

11 Sally is Mr. Jackson's ______ daughter. (Sally는 Jackson 씨의 첫째 딸이다.)

12 I saw ______ large trees in the park. (나는 공원에서 커다란 나무 40그루를 보았다.)

13 They bought ______ ______ of orange juice.
(그들은 다섯 병의 오렌지 주스를 샀다.)

14 My class donated ______ ______ of gloves to the children's hospital.
(우리 반은 30켤레의 장갑을 그 어린이병원에 기증했다.)

15 Today is ______ ______. (오늘은 8월 15일이다.)

Chapter Ⅱ 조동사

UNIT 3 can, may

❶ 조동사 can과 may

조동사란 be동사와 일반동사 앞에 쓰여 의미를 더해 줘요. can은 가능(~할 수 있다)을 나타내고, may는 추측(~일지도 모른다)을 나타내요. can과 may 둘 다 허락을 나타내기도 해요.

Can/May I help you?
도와줄까?
Can/May I go to the restroom?
저 화장실에 가도 되나요?

❷ can

can은 '~할 수 있다'라는 가능, '~해도 된다'라는 허락을 나타내는 조동사로 바로 뒤에는 동사원형을 써요.

(1) ~할 수 있다

I can jump high.
나는 높이 뛸 수 있다.

She can dance well.
그녀는 춤을 잘 출 수 있다.

(2) ~해도 된다

HOTEL

Can I get your family name?
성을 알려 주시겠습니까?

You can leave school early.
너는 조퇴해도 된다.

• Can I ~?라고 물어볼 때 대답은 Yes, you can. 또는 No, you can't.라고 해요.

❸ may

~일지도 모른다

My brother may be very tired at school.
우리 오빠는 학교에서 매우 피곤할지도 모른다.

~해도 된다

May I come in?
들어가도 되나요?
Yes, you may.
응, 들어와도 돼.

부정문은 may not, can not

• May I ~?라고 물어볼 때 대답은 Yes, you may. 또는 No, you may not.이라고 해요.

정답과 해설 6쪽

A 그림 속의 상황에 맞도록 응답에 사용된 단어를 참고하여 네모 안에서 알맞은 것을 고르세요.

01 

A: May / Can I use your pencil?
B: Yes, you can. Here you are.

02 

A: He can / may be Jane's grandfather.
B: Maybe.

03 

A: Can / May we go on a picnic this weekend?
B: Yes, we can. It will be sunny.

04 

A: She is very brave. She can / may take pictures of wild animals!
B: She is amazing!

Tip

허락을 나타낼 때는 can, may 둘 다 쓸 수 있지만, 대답에 can이 있는지 may가 있는지 살펴봐야 해요. 요청과 대답의 조동사가 같을 때 훨씬 자연스러워져요.

use 사용하다
grandfather 할아버지
maybe 아마도
go on a picnic 소풍가다
weekend 주말
brave 용감한
wild animal 야생동물
amazing 대단한

B 다음 우리말에 맞도록 빈칸에 may와 can 중에서 알맞은 조동사를 쓰세요. (둘 다 가능한 경우에는 둘 다 쓸 것)

01 You ________ go outside and play. 너는 밖에 나가 놀아도 좋아.

02 He ________ help her tomorrow. 그가 내일 그녀를 도울지도 모른다.

03 She ________ be angry at me. 그녀는 나에게 화가 난 것인지도 몰라.

04 ________ I open the window? 제가 창문을 열어도 될까요?

05 They ________ make toys and dolls. 그들은 장난감과 인형을 만들 수 있다.

06 ________ you eat hot and spicy food? 너는 매운 음식을 먹을 수 있니?

Tip

- may가 허락을 나타낼 때는 '~해도 좋다, ~해도 된다'라고 해석을 하고, 추측을 나타낼 때는 '~일지도 모른다'라고 해석해요.
- can이 가능을 나타낼 때는 '~할 수 있다'라고 해석하고, 허락을 나타낼 때는 '~해도 좋다, ~해도 된다'라고 해석해요.

outside 밖에
tomorrow 내일
angry 화난
toy 장난감
hot and spicy 매운

정답과 해설 6쪽

A 다음 빈칸에 may 또는 can을 넣어 대화를 완성하세요.

01 A: What ______ I do for you?
B: I would like a glass of water.

02 A: ______ I sit here?
B: Yes, you may. Go ahead.

03 A: ______ you help me with my English homework?
B: Yes, I can.

04 A: How old is she?
B: I'm not sure. She ______ be seven or eight years old.

05 A: ______ I take your order?
B: Yes, I'd like a hamburger.

Tip
- 추측을 나타낼 때는 may를, 가능을 나타낼 때는 can을 써요.
- 허락을 요청할 때는 may와 can을 다 쓸 수 있는데, 이때는 응답의 조동사와 일치하는 것이 더 자연스러워요.

sit 앉다
Go ahead. 그렇게 하세요., 어서 하세요.
sure 확신하는
order 주문
I'd like ~을 원하다, ~하고 싶다

B 다음 문장이나 대화에서 밑줄 친 부분을 바르게 고쳐 문장을 다시 쓰세요.

01 She cans move all the chairs.
→ ______

02 The boy may is Sean's brother.
→ ______

03 He can rides a bike very well.
→ ______

04 A: Can you help me? B: Yes, you can.
→ ______

05 A: I may go to the bathroom? B: Yes, you may.
→ ______

Tip
- can과 may는 조동사로 주어가 무엇이든 상관없이 <can/may+동사원형>으로 써요.
- 허락을 구할 때는 의문문의 형태를 사용하는데 <Can/May I+동사원형 ~?>으로 써요.

move 움직이다, 옮기다
ride a bike 자전거를 타다
bathroom 욕실, 화장실

정답과 해설 7쪽

A 다음 우리말에 맞게 주어진 단어를 이용하여 문장을 쓰세요.

01 그는 아프지 않을지도 모른다. [may] [sick]

→ ______________________

02 제가 여기에 앉아도 될까요? [may] [take a seat]

→ ______________________

03 그들은 피아노를 칠 수 있다. [can] [play]

→ ______________________

04 오늘 내 친구들을 초대해도 될까요? [can] [invite]

→ ______________________

05 너는 중국어를 말할 수 있니? [can] [speak]

→ ______________________

Tip

- 추측을 나타낼 때 조동사 may를 쓰는데 부정문을 만들 때는 not을 may 다음에 써요.
- 허락을 구할 때는 의문문의 형태를 사용하는데 <Can/May I+동사원형 ~?>으로 써요.
- 상대방에게 가능한지 물어볼 때는 의문문의 형태를 사용하는데 <Can you+동사원형 ~?>으로 써요.

sick 아픈
invite 초대하다

B 다음 우리말에 맞도록 빈칸에 알맞은 말을 써서 대화를 완성하세요.

01 **Ben**: I'd like French fries and fried chicken.
__________ __________ __________ both of them? (둘 다 주문해도 돼?)
Paul: Sure. Go ahead. Today is your birthday.

02 **Ben**: __________ __________ __________ some ice cream after this?
(이것을 먹은 후에 아이스크림 먹어도 돼?)
Paul: Of course, you can. Today is your birthday.

03 **Paul**: What's wrong?
Ben: I have to call my mother. But I left my phone at home.
Paul: Then, __________ __________ __________ my phone. (그럼 내 전화기를 써.)

Tip

허락을 구할 때는 조동사 may와 can을 모두 쓸 수 있어요.

after ~ 후에
call 전화하다
left ~을 두고 왔다 (leave의 과거형)

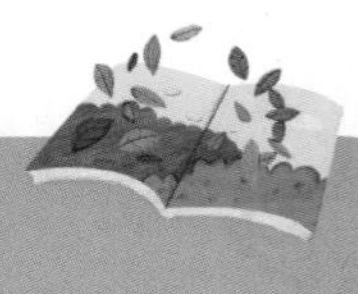

UNIT 4 must, should, would/could

❶ must, should, would/could

must, should는 '~해야 한다'의 의미로 의무를 나타내고, would/could는 공손하게 부탁할 때 사용해요.

We must/should wash our hands often. 우리는 자주 손을 씻어야 해.

Yes, of course. Excuse me, would/could you cover your sneeze? 응, 물론이지. 실례지만, 가리고 기침해 주실래요?

❷ 의무를 나타내는 must, should

must는 강한 의무(~해야 한다)를, should는 약한 의무(~하는 게 당연하다), 충고, 제안의 의미를 나타내요.

must (=have to)	강한 의무 (~해야 한다)	They must[have to] keep their promises. 그들은 약속을 지켜야 한다. He must[has to] call his parents first. 그는 부모님께 먼저 전화해야 한다. We must not play with fire. 우리는 불장난을 해서는 안 된다.
should	약한 의무 (~하는 게 당연하다)	You should respect your friends. 너는 친구들을 존중해야 한다. You shouldn't talk loudly in the library. 도서관에서는 큰소리로 말하면 안 된다.
	제안/충고 (~하는 게 좋겠다)	It's very cold. You should wear warm clothes. 날이 매우 춥다. 따뜻한 옷을 입는 게 좋겠다. We should not drink too much soda. 우리는 탄산음료를 너무 많이 마시지 않도록 해야 한다.

don't have to는 '~할 필요가 없다'는 뜻이고, '~해서는 안 된다'는 must not을 써야 해요.

❸ 공손한 부탁의 would/could

'~해주시겠어요?'라고 공손하게 부탁을 할 때 의문문의 형태로 사용해요.

Would you tell me how to use this machine? 이 기계를 사용하는 방법을 말씀해 주시겠어요?

Would you lend me a pen? 펜을 좀 빌려주시겠어요?

Could you do me a favor? 부탁 하나 들어주시겠어요?

Could you come over to my house? 우리집에 와 주실래요?

정답과 해설 7쪽

A 그림에 맞도록 네모 안에서 알맞은 말을 고르세요.

01 You [must / must not] throw away the garbage in the trash can.

02 It's a red light! He [must / must not] cross the street!

03 She [must / must not] use her smartphone too much at night.

04 We [must / must not] be active in class.

05 You [must / must not] clean up after your dog.

Tip

must는 '~해야 한다', must not은 '~해서는 안 된다'는 의미예요.

throw away ~을 버리다
garbage 쓰레기
trash can 쓰레기통
cross 건너다
active 열심인, 능동적인
in class 수업 중에
clean up after ~뒤를 깨끗이 치우다

B 다음 우리말에 맞게 보기에서 알맞은 것을 골라 빈칸에 쓰세요.

보기	have	could	would	shouldn't	should	must

01 ____________ you move a little? 옆으로 조금만 옮겨 주실래요?

02 You don't ____________ to go to school tomorrow.
내일은 학교에 갈 필요가 없다.

03 We ____________ be polite to others.
우리는 다른 사람들에게 예의 바르게 하는 것이 좋겠다.

04 You ____________ not touch the box. 그 상자에 절대로 손대서는 안 된다.

05 ____________ you wait for me? 저를 기다려 주시겠어요?

06 You ____________ talk too loudly in public places.
공공 장소에서는 너무 크게 말하지 않도록 해야 한다.

move 움직이다, 옮기다
tomorrow 내일
polite 예의 바른
others 다른 사람들
touch 만지다
wait for ~을 기다리다
loudly 큰소리로
public place 공공장소

정답과 해설 8쪽

A 다음 빈칸에 must, shouldn't, 혹은 don't have to를 넣어 대화를 완성하세요.

01 A: Let's go play soccer!
B: Sorry, I ______ finish my homework first.

02 A: I want to play smartphone games all day.
B: You ______ do that. It's not good for your health.

03 A: What is it?
B: Don't touch that. You ______ leave it alone.

04 A: I miss my old friends.
B: You ______ miss them. Call them right now.

05 A: We ______ wait for him. He already left.
B: Really? Then, let's go.

06 A: I lied to you. I'm so sorry. B: You ______ lie to me. Okay?

Tip
must는 '~해야 한다', shouldn't는 '~해서는 안 된다', don't have to는 '~할 필요가 없다'라는 의미예요.

soccer 축구
finish 끝내다
first 먼저
all day 하루 종일
health 건강
touch 만지다
leave it alone 그것을 내버려두다
already 벌써
lied 거짓말했다 (lie의 과거형)

B 주어진 단어를 재배열하여 우리말에 맞도록 영어 문장을 완성해 보세요.

01 우리를 위해 노래를 해주시겠어요? (you, would, sing)
→ ________ ________ ________ for us?

02 그녀는 그것에 대해 걱정할 필요 없다. (doesn't, worry, have, to)
→ She ________ ________ ________ ________ about it.

03 이 책상을 2층으로 옮겨 주시겠어요? (could, move, you)
→ ________ ________ ________ this desk to the second floor?

04 너는 절대 아무에게도 그 비밀을 말해서는 안 돼. (not, tell, must)
→ You ________ ________ ________ anybody the secret.

05 우리는 그 아픈 할아버지를 도와야 한다. (should, we, help)
→ ________ ________ ________ the sick old man.

06 그들은 자기 운동팀을 응원해야 한다. (cheer, have, to)
→ They ________ ________ ________ for their sport team.

Tip
would/could you 다음에 동사원형이 오고, must, should, have to 다음에 동사원형이 와요.

floor 층, 바닥
secret 비밀
sick 아픈
cheer for ~을 응원하다

완성

정답과 해설 8쪽

A 다음 우리말에 맞게 주어진 단어를 바르게 배열하여 문장을 쓰세요.

01 우리는 교통 신호를 기다려야 한다. (wait for, we, the traffic signal, have to)

→ ______________________________

02 그들은 단 것을 너무 많이 먹으면 안 된다.

(eat, not, they, should, sweets, too many)

→ ______________________________

03 창문을 열어주시겠어요? (open, the window, you, would)

→ ______________________________

04 너는 매일 운동을 할 필요는 없다. (exercise, don't, you, have to, every day)

→ ______________________________

05 그녀는 야채를 더 많이 먹어야 한다. (more vegetables, eat, she, should)

→ ______________________________

Tip

조동사가 있는 문장은 <주어+조동사+동사원형 ~.>의 어순으로 써요. 정중하게 부탁을 할 때는 <Would/Could+주어+동사원형 ~?>으로 써요.

traffic signal 교통 신호
sweets 단 것
exercise 운동하다
every day 매일

B 보건 선생님과 Max의 대화를 읽고, 보기에 주어진 말을 한 번씩만 써서 대화를 완성하세요.

보기
would you
have to
don't have to
should

Max: I have a fever and can't stop coughing.

Mrs. Kim: I see. You 01 ____________ take some medicine. Here you are.

Max: What else 02 ____________ I do?

Mrs. Kim: You should get some rest here.

Max: But I have a class right now.

Mrs. Kim: You 03 ____________ attend class. I'll tell your teacher.

Max: Thanks, Mrs. Kim. 04 ____________ give me some water?

Mrs. Kim: Of course. Here you are.

Tip

꼭 해야 하는 의무인지, 제안하는 것인지, 부탁하는 것인지 등을 잘 판단하여 대화를 완성하세요.

fever 열
cough 기침하다
take medicine 약을 복용하다
Here you are. 여기 있다.
rest 휴식
attend 출석[참석]하다
of course 물론

A 다음 우리말에 맞도록 빈칸에 알맞은 말을 쓰세요.

01 The eagle ______ fly high. (독수리는 높이 날 수 있다.)

02 He is absent. He ______ be sick. (그는 아픈지도 모른다.)

03 We m______ keep our word. (우리는 약속을 지켜야 한다.)

04 What ______ I do for you? (제가 무엇을 해드릴까요?)

05 This meeting is important. Ted m______ be on time. (Ted는 정각에 와야 한다.)

B 다음 보기에서 알맞은 말을 한 번씩 골라 대화를 완성해 보세요.

보기 should can't would have to can

06 A: ______ you do me a favor? B: Sure. What is it?

07 A: I have to say sorry to her. ______ I call her first? B: Yes, I think you should.

08 A: Can you draw ten characters in an hour? B: No, I ______.

09 A: It's too hot in here. ______ I open the window? B: Of course. Go ahead.

10 A: Do I have to start first? B: No, you don't ______.

C 다음 우리말에 맞도록 주어진 단어들을 바르게 배열하여 문장을 쓰세요.

11 계단에서 뛰면 안 돼요. (the stairs, you, run, shouldn't, on)
→ ______________________

12 너는 조퇴를 해도 된다. (early, school, you, leave, may)
→ ______________________

13 당신의 펜을 좀 빌려주시겠습니까? (your pen, you, me, could, lend)
→ ______________________

14 우리는 주말에 일찍 일어날 필요 없다. (on weekends, early, have to, we, get up, don't)
→ ______________________

15 그들은 안전 규칙을 지켜야 한다. (safety rules, must, they, follow)
→ ______________________

Chapter III

시제

UNIT 5 현재진행형

UNIT 6 미래시제

UNIT 5 현재진행형

❶ 현재진행형이란?

지금 하고 있는 동작이나 진행 중인 일을 말하는데 〈be동사의 현재형+동사의 -ing형〉으로 나타내고 '~하고 있다'라고 해석해요.

I'm eating an ice cream cone.
나는 아이스크림콘을 먹고 있어.

I'm making a model airplane.
나는 모형 비행기를 만들고 있어.

I'm playing the drums.
나는 드럼을 치고 있어.

❷ 동사의 -ing형(현재분사) 만드는 규칙

현재진행형은 〈be동사의 현재형+동사의 -ing형(현재분사)〉입니다. 동사에 -ing를 붙여 현재분사로 만드는 규칙은 다음과 같아요.

대부분의 동사	동사원형+ing	go-going, work-working, listen-listening, play-playing
-e로 끝나는 동사	e를 빼고+ing	make-making, take-taking, have-having, live-living
-ie로 끝나는 동사	ie를 y로 고치고+ing	lie-lying, die-dying, tie-tying
<단모음+단자음>으로 끝나는 동사	마지막 자음을 한 번 더 쓰고+ing	swim-swimming, begin-beginning, run-running

현재진행형 의문문은
〈Be동사(Am, Is, Are)+주어+동사의 -ing형 ~?〉으로 나타내요.
Are you sending a message?

❸ 현재진행형의 긍정과 부정

현재진행형의 부정은 〈be동사의 현재형+not+동사의 -ing형〉으로 나타내요.

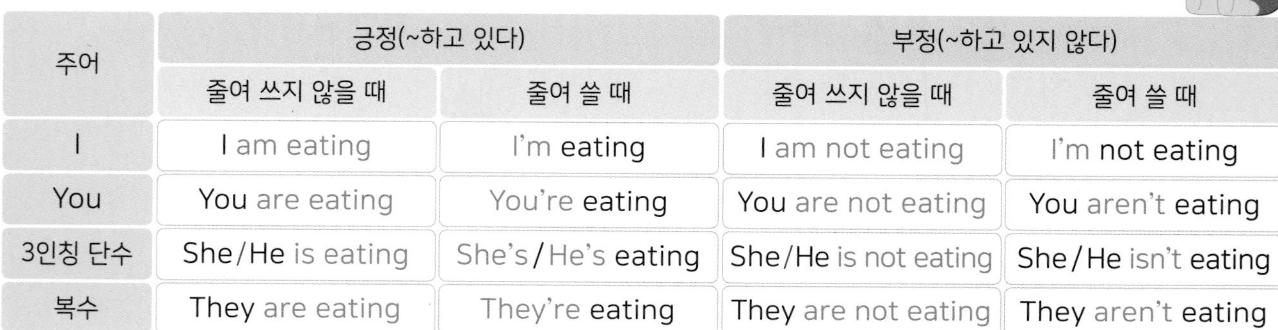

주어	긍정(~하고 있다)		부정(~하고 있지 않다)	
	줄여 쓰지 않을 때	줄여 쓸 때	줄여 쓰지 않을 때	줄여 쓸 때
I	I am eating	I'm eating	I am not eating	I'm not eating
You	You are eating	You're eating	You are not eating	You aren't eating
3인칭 단수	She/He is eating	She's/He's eating	She/He is not eating	She/He isn't eating
복수	They are eating	They're eating	They are not eating	They aren't eating

정답과 해설 10쪽

A 다음 문장이 나타내는 것이 지금 진행 중인 일이면 now 에, 일상적으로 반복되는 일이면 routine 에 동그라미하세요.

01 Paul and Kim are talking to each other. now / routine

02 She talks with her friends at lunch time. now / routine

03 She drinks orange juice every morning. now / routine

04 They are drinking soda. now / routine

05 Dad sends me three messages a day. now / routine

06 We are sending text messages. now / routine

현재시제는 반복적인 일과나 사실을 나타내고, 현재진행형은 지금 진행되는 일이나 동작을 나타내요.

routine 일과 (규칙적으로 하는 일)
each other 서로
lunch time 점심시간
every morning 매일 아침
soda 탄산음료
send 보내다
a day 하루에
text message 문자 메시지

B 다음 주어진 동사의 현재분사형(-ing)을 쓰세요.

01 ski →

02 swim →

03 play →

04 make →

05 brush →

06 sing →

07 tie →

08 live →

09 begin →

10 wash →

11 enter →

12 lie →

대부분의 경우 동사의 원형에 -ing를 붙여 주면 현재분사가 되지만, 단어의 마지막 철자에 따라 형태를 바꿔 줘야 하는 동사들이 있어요.

swim 수영하다
brush 쓸다, 닦다
tie 묶다
live 살다
begin 시작하다
wash 씻다
enter 들어오다, 들어가다
lie 거짓말하다

정답과 해설 11쪽

A 다음 그림은 지금 하고 있는 일을 나타내요. 그림에 맞도록 보기에서 알맞은 단어를 골라 빈칸에 적절한 형태로 쓰세요.

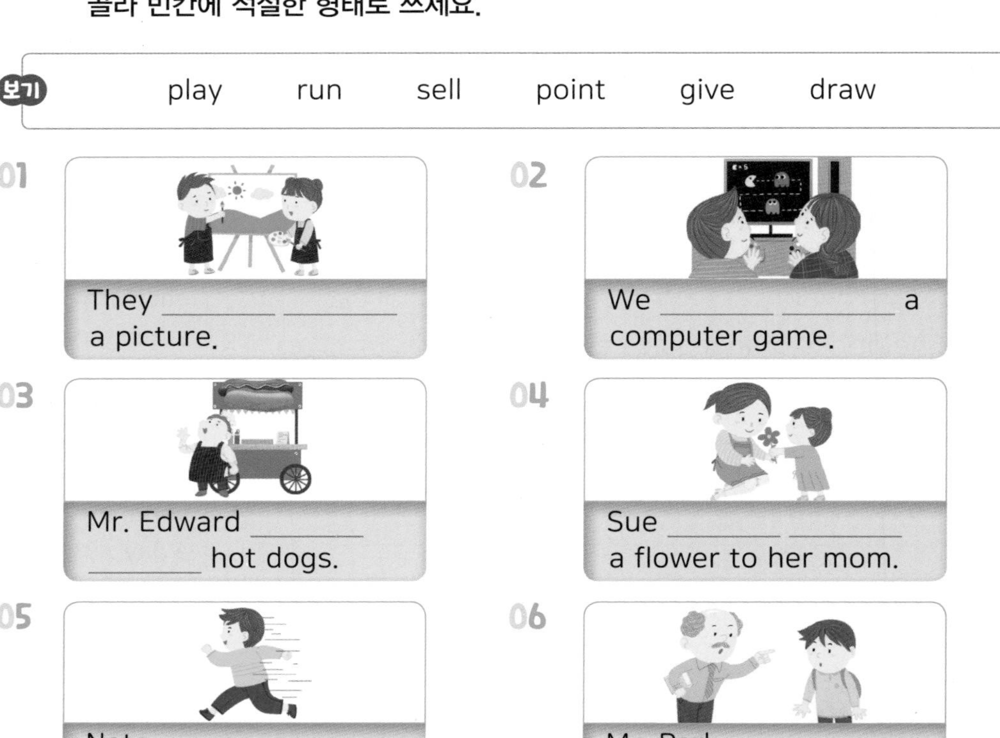

보기 play run sell point give draw

01 They ________ ________ a picture.

02 We ________ ________ a computer game.

03 Mr. Edward ________ ________ hot dogs.

04 Sue ________ ________ a flower to her mom.

05 Nate ________ ________ fast.

06 Mr. Park ________ ________ at me.

Tip

현재 진행 중인 일이나 동작을 나타낼 때는 〈be동사의 현재형+동사의 -ing형〉을 사용해서 나타내요.

sell 팔다
point (손가락 등으로) 가리키다
draw 그리다
picture 그림, 사진

B 다음 주어진 단어를 사용하여 빈칸에 알맞은 말을 써서 대화를 완성하세요.

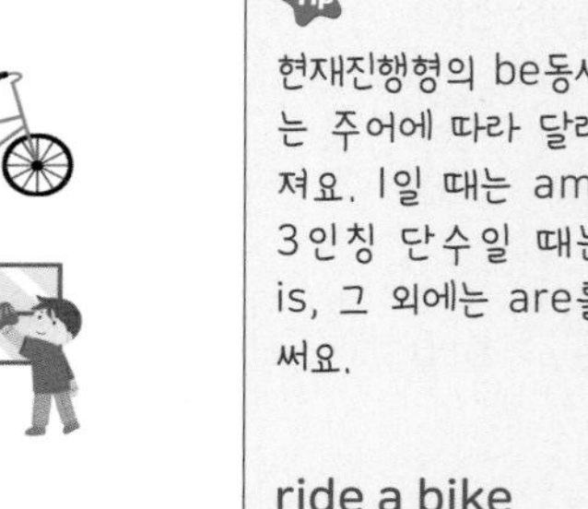

01 **Q**: What is she doing?
A: She ________ ________ a bike. (ride)

02 **Q**: Are they reading a book?
A: No, they ________ ________ a book. (read)
They ________ ________ the windows. (clean)

03 **Q**: What is he doing?
A: He ________ ________ on the sofa. (lie)

04 **Q**: ________ Tom ________ paper? (cut)
A: Yes, he is.

Tip

현재진행형의 be동사는 주어에 따라 달라져요. I일 때는 am, 3인칭 단수일 때는 is, 그 외에는 are를 써요.

ride a bike 자전거를 타다
lie 눕다
cut 자르다

STEP 3 쓰기로 완성

정답과 해설 11쪽

A 다음 우리말에 맞게 주어진 단어를 순서대로 배열하여 문장을 쓰세요.

01 Ali와 Rose는 숙제를 하고 있다. (their, are, Ali and Rose, homework, doing)

→ ______________________________

02 엄마는 지갑에서 돈을 찾고 계시다. (in her purse, Mom, money, is, looking for)

→ ______________________________

03 너는 지금 선생님께 이메일을 쓰고 있니?

(to your teacher, you, writing, an email, are)

→ ______________________________

04 우리 부모님은 재택근무를 하고 있지 않다. (my parents, not, are, from home, working)

→ ______________________________

05 너는 가게에 가고 있니? (to a store, going, you, are)

→ ______________________________

Tip

현재진행형은 긍정일 때는 <be동사의 현재형+동사의 -ing형>, 부정일 때는 <be동사의 현재형+not+동사의 -ing형>, 의문문일 때는 <Be동사(Am, Is, Are)+주어+동사의 -ing형 ~?>으로 나타내요.

purse 지갑
look for ~을 찾다

B 그림을 보고, be동사와 보기에 주어진 단어를 이용하여 글을 완성하세요.

stand
drink milk
eat a banana
listen to music
sit in the classroom
write on the board

There are four students in the classroom.

Carlos and Sue 01 ______________. Carlos 02 ______________.

Sue 03 ______________. Linn and David 04 ______________.

Linn 05 ______________. David 06 ______________.

Tip

현재진행형은 <be동사의 현재형+동사의 -ing형>을 사용해서 나타내요.

stand 서 있다
classroom 교실
board 칠판

UNIT 6 미래시제

❶ 미래시제란?

미래시제는 앞으로의 일을 예상하거나 계획을 말할 때 사용하고, will이나 be going to로 나타내요.

He is going to clean his room this Sunday.
그는 이번 주 일요일에 자기 방을 청소할 것이다.

It will rain soon.
곧 비가 올 것이다.

❷ be going to

〈be going to+동사원형〉은 '~할 것이다, ~할 계획이다'의 의미로 가까운 미래나 예정된 미래를 나타내요.

주어	긍정(~할 것이다, ~할 계획이다)	부정(~하지 않을 것이다, ~하지 않을 계획이다)
I	I am[I'm] going to play	I am not[I'm not] going to play
You	You are[You're] going to play	You are not[You aren't] going to play
3인칭 단수	She/He is[She's/He's] going to play It is[It's] going to play	She/He is not[She/He isn't] going to play It is not[It isn't] going to play
복수	We are[We're] going to play They are[They're] going to play	We are not[We aren't] going to play They are not[They aren't] going to play

- 미래시제와 함께 쓰이는 부사(구)에는 tomorrow(내일), this evening(오늘 저녁), this Sunday(이번 일요일에), next weekend(다음 주말에), next year(내년에), in 30 minutes(30분 후에) 등이 있어요.
- 의문문: Be동사+주어+going to+동사원형 ~?

〈Be동사+주어+going to+동사원형 ~?〉으로 물어볼 때의 대답은 Yes, 대명사 주어+be동사. / No, 대명사 주어+be동사+not.

❸ will

〈will+동사원형〉은 '~할 것이다, ~일 것이다'의 의미로 주어의 결심이나 의지, 미래의 일에 대한 예측을 나타내요.

<table>
<tr><td>긍정문</td><td>주어+will+동사원형 ~.</td><td rowspan="2">의문문</td><td rowspan="2">Will+주어
+동사원형 ~?</td><td>긍정 대답</td><td>Yes, 대명사 주어+will.</td></tr>
<tr><td>부정문</td><td>주어+will not[won't]+동사원형 ~.</td><td>부정 대답</td><td>No, 대명사 주어+won't.</td></tr>
</table>

We will[We'll] see you soon. 우리는 당신을 곧 만날 것이다.

Will you wait for me? 나를 기다려 줄 거니?

– Yes, I will. 응, 그럴게. / No, I won't. 아니, 그러지 않을래.

정답과 해설 12쪽

A 다음 그림은 미래의 계획입니다. 보기에서 알맞은 말을 골라 빈칸에 쓰세요.

보기
am going to   is going to   isn't going to
are going to   aren't going to

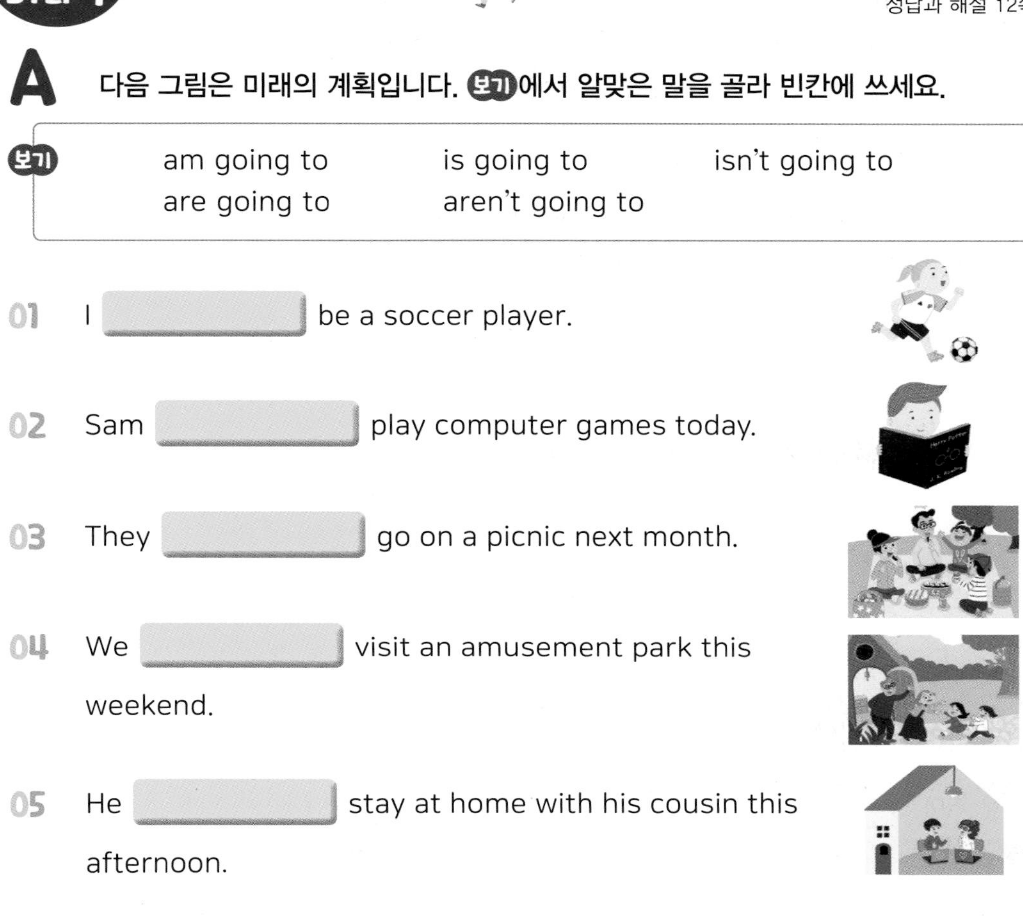

01 I ________ be a soccer player.

02 Sam ________ play computer games today.

03 They ________ go on a picnic next month.

04 We ________ visit an amusement park this weekend.

05 He ________ stay at home with his cousin this afternoon.

Tip
미래를 나타내는 be going to는 주어에 따라 be동사를 am, are, is로 바꿔야 해요.

go on a picnic 소풍 가다
amusement park 놀이공원
weekend 주말
this afternoon 오늘 오후에
cousin 사촌

B 다음 빈칸에 알맞은 말을 써서 대화를 완성하세요.

01 **A**: Will it be nice tomorrow?
B: Yes, it ________. I heard the weather forecast.

02 **A**: Will they be at school on Friday?
B: No, they ________. They'll be home.

03 **A**: ________ you wash the dishes?
B: Yes, I will. You cook and I will do the dishes.

04 **A**: ________ they going to be quiet in class?
B: Yes, they are.

05 **A**: Is she going to join the video creator club?
B: No, she ________. She wants to join the programming club.

06 **A**: Are you going to have an early dinner?
B: Yes, I ________. Dinner will be ready around 5 p.m.

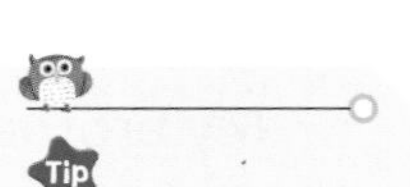

Tip
will로 물어볼 때는 will로 대답하고, be going to로 물어볼 때는 be동사로 대답해요.

nice (날씨가) 좋은
weather forecast 일기예보
wash[do] the dishes 설거지하다
quiet 조용한
creator 개발자, 제작자

정답과 해설 13쪽

A 다음 빈칸에 will 또는 won't를 써서 문장을 완성하세요.

01 He ______ be here at six. You can meet him.

02 I'm sorry, but I ______ come to your birthday party.

03 It's my dad's birthday this Friday. He ______ be forty.

04 Don't call me after school. I ______ answer your call until 6 p.m.

05 Yes, it ______ be dry tomorrow, but it ______ be very hot.

06 The weather ______ be better tomorrow. It ______ be bad any more.

Tip
문장을 읽고, 긍정인지 부정인지 결정해야 해요.

answer (전화를) 받다
dry 건조한
weather 날씨

B 다음 우리말에 맞게 빈칸에 알맞은 말을 쓰세요.

01 오늘 저녁에는 비가 올 거야.
It w______ r______ this evening.

02 형과 내가 식탁을 차릴 것이다.
My brother and I a______ g______ t______ s______ the table.

03 그녀는 내일 유나의 집에 갈 예정이다.
She i______ g______ t______ v______ Yuna tomorrow.

04 118번 버스가 정류장에 곧 도착할 것이다.
The bus number 118 w______ a______ at the bus stop soon.

05 난 오늘밤에는 TV를 보지 않을 거야.
I______ n______ g______ t______ w______ TV tonight.

06 우리는 쓰레기를 버리지 않을 것이다.
We w______ t______ away the trash.

Tip
미래를 나타내는 표현에는 will과 be going to가 있어요. will은 주어가 무엇이든 그대로 쓰고, be going to는 주어에 따라 be동사를 am, is, are로 바꿔야 해요.

this evening 오늘 저녁
set the table 상을 차리다
visit 방문하다, 가다
arrive 도착하다
bus stop 버스 정류장
watch TV TV를 보다
throw away ~을 버리다
trash 쓰레기

정답과 해설 13쪽

A 다음 우리말에 맞게 주어진 단어를 배열하여 문장을 쓰세요.

01 Jack은 장래에 프로 게이머가 될 것이다.
(a professional gamer, in, will, Jack, be, the future)
→ ____________________

02 Meg의 엄마가 그녀를 7시에 깨울 것이다.
(going, at seven, is, wake her up, to, Meg's mother)
→ ____________________

03 너는 밤을 새울 거니? (you, all night, to, are, stay up, going)
→ ____________________

04 그들은 친구들에게 나쁜 말을 하지 않을 것이다.
(bad words, their friends, won't, they, to, say)
→ ____________________

05 저는 같은 잘못을 다시는 하지 않을 겁니다.
(won't, again, mistake, I, the same, make)
→ ____________________

professional 프로인, 전문적인
future 장래, 미래
wake ~ up ~을 깨우다
stay up all night 밤을 새우다
word 말, 단어
make a mistake 실수하다, 잘못하다
the same 같은

B 다음은 Peter의 일정표입니다. 보기에서 알맞은 표현을 골라 그가 요일마다 무엇을 할 예정인지 문장을 완성하세요.

보기

go swimming	have a soccer lesson	watch a movie
water the plants	sleep	read books

Monday	Tuesday	Wednesday
축구 강습	수영	화초에 물 주기
Thursday	**Friday**	**Saturday**
독서	영화 보기	늦잠 자기

01 On Monday, he is going to ____________.

02 On Tuesday, he is going to ____________ with Paul.

03 On Wednesday, he ____________ in the garden.

04 On Thursday, ____________ at the library.

05 On Friday, ____________ with his family.

06 On Saturday, ____________ until 1 p.m.

Tip
가까운 미래에 예정되어 있는 일을 나타낼 때는 be going to를 써요. 그림에서 묘사하고 있는 행동이 무엇인지 정확하게 파악하도록 해요.

soccer 축구
water 물주다
plant 식물
garden 정원
library 도서관
until ~까지

정답과 해설 14쪽

A 다음 네모 안에서 알맞은 말을 고르세요.

01 Hey, what are you [do / doing] there?

02 It [doesn't / won't] snow this afternoon.

03 Jack and Kelly [is / are] going to open a new shop.

04 We [go / are going] to school five days a week.

05 I just sent them a message. When [will / do] they answer?

B 다음 보기의 말을 한 번씩만 사용하여 문장을 완성하세요.

보기 do go making playing listening

06 Tom isn't [ ] the guitar now.

07 The club members will [ ] their best to finish the project.

08 The tiger is very hungry. He is going to [ ] hunting for food.

09 Are you [ ] to music?

10 She is [ ] bread with her classmates.

C 다음 문장에서 틀린 부분을 찾아 바르게 고쳐 문장을 다시 쓰세요.

11 Will Jina helps her parents? → ____________________

12 Pete and Riana is going to be late. → ____________________

13 I drink some hot tea now. → ____________________

14 My cousins are sking now. → ____________________

15 We will be going to send gifts. → ____________________

Chapter IV 형용사와 부사

UNIT 7 비교 표현

UNIT 8 수량 형용사와 빈도부사

UNIT 7 비교 표현

❶ 비교 표현

비교하는 문장은 〈A ~ 비교급+than B〉로 나타내며 'A가 B보다 더 ~하다'라는 의미예요. 형용사나 부사를 이용하여 둘 이상의 대상을 비교할 수 있어요.

A: Is the toy lion heavy? 그 장난감 사자 무겁니?

B: No, it isn't. It is lighter than the toy car. 아니. 그것은 장난감 차보다 가벼워.

A: You're right. The toy car is heavier than the toy lion.
네 말이 맞아. 그 장난감 차가 장난감 사자보다 더 무겁구나.

❷ 형용사와 부사의 비교급

형용사의 비교급은 '더 ~한'이라고 해석하고, 부사의 비교급은 '더 ~하게'라고 해석해요.

〈규칙 변화〉

형용사 / 부사의 형태	비교급 규칙	형용사/부사의 원급	비교급
1음절 단어	원급+-er	long	longer
끝이 -e	원급+-r	close	closer
끝이 <자음+y>	y를 i로 고친 후+-er	healthy	healthier
끝이 <단모음+단자음>	끝 자음을 한 번 더 쓰고+-er	hot / big	hotter / bigger
끝이 -ful, -less, -ous, -ive, -ing	more+원급	wonderful delicious	more wonderful more delicious
명사/형용사+ly		slowly	more slowly
3음절 이상		excited	more excited

〈불규칙 변화〉

원급	비교급	원급	비교급	원급	비교급
good(좋은) well(잘)	better(더 좋은) (더 잘)	bad(나쁜) ill(아픈)	worse(더 나쁜) (더 아픈)	many(수가 많은) much(양이 많은)	more(더 많은)
late(늦은) (늦게)	latter((순서가) 더 나중인) later(더 늦게, 나중에)	little (적은, 작은)	less(더 적은)	fun(재미있는)	more fun (더 재미있는)

❸ 비교하는 문장

'A가 B보다 더 ~하다'라는 비교의 문장은 형용사나 부사의 비교급과 than이 필요해요.

A+be동사/일반동사+비교급+than+B

than 다음에는 원래 대명사의 주격을 쓰지만 목적격이 올 수도 있어요.

Jack is faster than his brother. Jack은 그의 형보다 더 빠르다.

I got up earlier than my mom this morning. 나는 오늘 아침 엄마보다 더 일찍 일어났다.

정답과 해설 15쪽

A 다음 주어진 단어를 사용하여 문장의 빈칸에 알맞은 단어를 쓰세요.

01 Your tea is ______ than mine. (hot)

02 Iron Man flies ______ than an eagle. (high)

03 Fast food is ______ than the salad. (cheap)

$ 4 $ 12

04 A giraffe walks ______ than a zebra. (slowly)

05 His older brother is ______ than him. (heavy)

06 My sister always eats ______ than me. (much)

Tip

형용사나 부사의 비교급은 -er을 붙이거나, 〈more + 원급〉으로 나타내요.

- 끝이 〈단모음 + 단자음〉일 때는 마지막 자음을 한 번 더 쓰고 -er을 붙여요.
- 〈형용사 + ly〉는 〈more + 원급〉으로 비교급을 나타내요.
- 끝이 〈자음 + y〉일 때는 y를 i를 고치고 -er을 붙여요.
- much의 비교급은 불규칙 변화로 형태가 달라요.

tea 차
mine 나의 것
eagle 독수리
giraffe 기린
zebra 얼룩말
heavy 무거운

B 다음 문장에서 틀린 부분에 밑줄을 긋고 바르게 고쳐 쓰세요.

01 I want to go outside often than before. ______

02 This hot dog is expensiver than that burger. ______

03 Your actions are more bad than your words. ______

04 Sam is more older than me. ______

05 Today's party will start latter than yesterday's. ______

06 This rose is prettyer than that one. ______

Tip

형용사의 비교급을 만드는 규칙은 단어의 끝 철자와 음절의 수에 따라 달라요.

outside 바깥에
often 종종, 자주
expensive 비싼
action 행동
word 말
latter 후자의

정답과 해설 16쪽

A 다음 우리말에 맞게 보기에서 알맞은 것을 골라 문장을 완성하세요. (필요한 경우 형태를 바꿀 것)

보기 wonderful long easy young good

01 Your school uniform is [ ] than ours.
(너희 학교 교복은 우리 학교 것보다 더 낫다.)

02 Ben's mother looks [ ] than her age.
(Ben의 엄마는 나이에 비해 더 젊어 보인다.)

03 This math problem is [ ] than that one.
(이 수학 문제는 저것보다 더 쉽다.)

04 Speaking English is [ ] than listening.
(영어를 말하는 것은 듣는 것보다 더 멋지다.)

05 His chopsticks are [ ] than mine. (그의 젓가락은 내 것보다 더 길다.)

Tip
- good의 비교급은 불규칙한 형태예요.
- 〈자음+y〉로 끝나는 단어는 y를 i로 고치고 -er을 붙여야 해요.

age 나이
problem 문제
speak 말하다
chopsticks 젓가락

B 다음 그림에 맞도록 주어진 단어를 사용하여 문장을 쓰세요.

01 Steve Jane | be / hungry → ______________________

02 Paul's shoes Jay's shoes | be / big → ______________________

03 Mary Mike | be / happy → ______________________

04 I my brother | be / young → ______________________

05 Peter Chris | be / nice → ______________________

Tip
비교를 나타내는 문장은 〈A+be동사+비교급+than+B〉라고 써야 해요. 이때 be동사는 주어에 따라 am, is, are 중에서 고르세요.

hungry 배고픈
nice 친절한, 다정한

정답과 해설 16쪽

A 주어진 단어를 이용하여 우리말에 맞는 영어 문장을 완성해 보세요.

01 오늘은 어제보다 더 건조하다. [be] [dry]

→ It ______________________________.

02 토끼 인형이 곰 인형보다 더 귀엽다. [be] [cute]

→ A toy rabbit ______________________________.

03 그는 야구보다 농구를 더 잘한다. [play] [well]

→ He ______________________________.

04 Jessica는 오렌지 주스를 나보다 더 적게 마셨다. [drink] [little]

→ Jessica ______________________________.

05 Tony는 그의 부모님보다 더 높이 올라갔다. [climb] [high]

→ Tony ______________________________.

Tip

- 〈자음+y〉로 끝나는 단어는 y를 i로 고치고 -er을 붙여요.
- -e로 끝나는 단어는 -r을 붙여요.
- well의 비교급은 good의 비교급과 같아요.
- little의 비교급은 불규칙 변화를 해요.

cute 귀여운
little 조금, 약간

B 주어진 단어를 이용하여 두 사람이 서로를 비교하는 대화를 완성하세요.

01 tall / short
02 strong / weak
03 old / young
04 fast / slow

Clara: I'm taller than you.
Nick: No, you aren't. You are a little 01 ________ ________ me.
Clara: Well, I'm 02 ________ ________ ________.
Nick: No, you aren't. I'm stronger than you. I can lift this box.
Clara: I'm older than you then.
Nick: No, you aren't. You 03 ________ ________ ________ ________.
I was born a year before you.
Clara: Well, at least I'm 04 ________ ________ ________. I can run 100 meters in 16 seconds.

Tip

키, 힘, 나이, 빠르기를 비교하고 있는 상황에서 어떤 형용사가 오는 것이 적절할지 생각해 보세요.

tall 키가 큰
short 키가 작은
strong 힘센
weak 힘이 약한
old 나이가 많은
young 나이가 적은
fast 빠른
a little 약간, 조금
lift 들어올리다
at least 적어도, 최소한
second 초

UNIT 8 수량 형용사와 빈도부사

❶ 형태와 의미

수량 형용사는 수나 양을 나타내는 형용사이고, 빈도부사는 얼마나 자주인지를 나타내는 부사예요.

I can sometimes eat a lot of cookies.
나는 가끔씩은 과자를 많이 먹을 수 있다.

Insu often drinks a lot of water.
인수는 자주 물을 많이 마신다.

❷ 수량 형용사

'많은'을 나타낼 때는 many, much, a lot of를, '적은'을 나타낼 때는 a little, a few를 써요.

많은	many (수) 많은	셀 수 있는 명사 앞	many books, many chairs
	much (양) 많은	셀 수 없는 명사 앞	much milk, much money
	a lot of (수, 양) 많은	셀 수 있는 명사 앞	a lot of trees, a lot of bags
		셀 수 없는 명사 앞	a lot of bread, a lot of homework
적은	a few (수) 적은	셀 수 있는 명사 앞	a few students, a few cups
	a little (양) 적은	셀 수 없는 명사 앞	a little milk, a little time

a lot of 대신 lots of를 쓸 수 있어요.

❸ 빈도부사

• 빈도부사는 횟수와 관계 있으며, 어떤 일이 얼마나 자주 일어나는지를 나타내요.

100% ALWAYS You are always late.
90% USUALLY We usually go to the cinema on Sunday.
70% OFTEN He often cooks pasta.
50% SOMETIMES We sometimes order pizza for dinner.
10% RARELY She rarely smiles.
0% NEVER They are never at home when we call.

always	항상
usually	보통, 대개
often	자주, 종종
sometimes	가끔
rarely / seldom	거의 ~ 않는
never	결코 ~ 않는

• 빈도부사의 위치는 일반적으로 문장에서 일반동사 앞, be동사와 조동사 뒤에 위치해요.

예 We sometimes get(일반동사) together to play games. 우리는 가끔씩 함께 모여 게임을 한다.

I am(be동사) usually cheerful. 나는 보통은 쾌활하다.

She will(조동사) always love her family. 그녀는 언제나 그녀의 가족을 사랑할 것이다.

STEP 1 기초 탄탄

정답과 해설 17쪽

A 다음 네모 안에서 알맞은 것을 고르세요.

01  There are [many / much] animals in the zoo.

02  Do not eat too [many / much] cheese. It's really salty.

03  She couldn't buy [many / much] pieces of cake.

04 How [many / much] sand do I need?

05 You'll feel better if you eat [a few / a little] hot soup.

Tip
- many, a few는 셀 수 있는 명사와 쓰이고, much, a little은 셀 수 없는 명사와 쓰여요.
- many, a few 다음에는 복수명사, much, a little 다음에는 단수명사가 와요.

salty 짠
need 필요하다

B 주어진 단어가 들어갈 적절한 위치를 고르세요.

01 What (①) do (②) you (③) do (④) on (⑤) the weekend?
usually

02 Peter (①) gets (②) angry (③) at (④) his brother (⑤).
never

03 They (①) can't (②) watch (③) TV (④) in the evening (⑤).
always

04 His father (①) tries (②) to (③) cook (④) delicious (⑤) food.
sometimes

05 Sujin (①) is (②) interested (③) in (④) listening to music (⑤).
always

06 Do (①) you (②) brush (③) your (④) teeth (⑤) in the morning?
often

Tip
빈도부사는 be동사나 조동사 뒤, 일반동사 앞에 써요.

weekend 주말
angry 화난
in the evening 저녁에
delicious 맛있는
be interested in ~에 관심이 있다
brush one's teeth 이를 닦다

정답과 해설 18쪽

A 그림에 맞도록 빈칸에 many나 much를 넣어 문장을 완성하세요.

01 There isn't ______ information to download.

02 I don't have ______ friends.

03 There are ______ vegetables in this dish.

04 How ______ money do you have now?

05 Are there ______ people in the park?

06 How ______ ice cubes are there?

Tip
many 다음에는 복수명사가 오고, much 다음에는 단수명사가 와요.

information 정보
download 내려받다
vegetable 채소
dish 요리
people 사람들
ice cube 얼음 덩어리, 얼음 조각

B 주어진 단어들을 재배열하여 문장을 완성하세요. (단, 필요시 형태를 바꿀 것)

01 Jina ______ ______ late for class. [be] [sometimes]

02 The students ______ ______ ______ English hard. [study] [will] [always]

03 She ______ ______ funny messages to me. [send] [often]

04 I ______ ______ to eat sweet things. [want] [never]

05 Ben ______ ______ to the library to read books. [rarely] [go]

06 My family ______ ______ dinner around seven. [have] [usually]

Tip
빈도부사가 일반동사 앞에 쓰인 경우에도 주어가 3인칭 단수이면 동사의 3인칭 단수형을 쓰는 것에 유의하세요.

be late for ~에 늦다
funny 웃긴, 재미있는
send 보내다
sweet thing 단 것
library 도서관
around 약, 대략

STEP 3 쓰기로 완성

정답과 해설 18쪽

A 다음 우리말에 맞게 주어진 단어를 이용하여 문장을 완성하세요.

01 저는 우유를 많이 마시고 싶지는 않아요. [much]

→ I don't want to drink ________ ________.

02 공원에 새들이 몇 마리 있다. [a few]

→ There are ________ ________ ________ in the park.

03 그 기자는 많은 배우들을 만난다. [a lot of]

→ The reporter meets ________ ________ ________ ________.

04 그녀의 아빠는 뉴욕에 일 때문에 자주 간다. [often]

→ Her father ________ ________ to New York on business.

05 Kevin은 가끔씩 개를 산책시킬 것이다. [sometimes]

→ Kevin will ________ ________ his dog.

Tip
- 우유는 셀 수 없는 명사이고, 새와 배우는 셀 수 있는 명사예요.
- 빈도부사는 일반동사 앞에, 조동사 뒤에 써요.

reporter 기자
on business 일 때문에

B 그림을 보고, 주어진 단어들을 순서대로 배열하여 글을 완성하세요.

01 ________ to the market with my mom. I went there
(go, I, often)
with her this afternoon. We 02 ________. We put them
(a lot of, bought, things)
on the table. There 03 ________ and water. There
(lots of, is, bread)
04 ________. There 05 ________. There 06 ________.
(bananas, are, a few) (much, isn't, milk) (fish, aren't, many)

Tip

빈도부사는 일반동사 앞에 써요. a lot of와 lots of는 셀 수 없는 명사와 셀 수 있는 명사 모두와 함께 쓰일 수 있어요.

market 시장
bought 샀다 (buy의 과거형)
bread 빵
fish 생선, 물고기 (단수형과 복수형이 같음)

정답과 해설 19쪽

A 다음 네모 안에서 알맞은 말을 고르세요.

01 Your bag is really [heavy / heavier].

02 Paper bags are [better / good] than plastic bags.

03 I eat [much / more] than my mother.

04 There are [a lot of / much] benches in the garden.

05 We have just [a few / a little] time before lunch.

B 다음 보기에서 알맞은 말을 골라 문장을 완성하세요.

보기	often	much	worse	few	more

06 This toy train goes [ ] slowly than that one.

07 Teddy's puppy [ ] smiles at him.

08 Her health is [ ] than before.

09 How [ ] information do we need?

10 Just a [ ] cookies are on the plate.

C 다음 괄호 안에 주어진 단어들을 바르게 배열하여 문장을 쓰세요.

11 (always, look, happy, you) → ____________________

12 (will, you, call, I, sometimes) → ____________________

13 (gets, rarely, my father, angry) → ____________________

14 (school, they, late, never, for, are) → ____________________

15 (usually, at home, we, TV, don't, watch) → ____________________

Chapter V 문장의 종류

UNIT 9 명령문, 감탄문, 청유문

UNIT 10 의문사 Who, What

UNIT 11 의문사 When, Where, Why

UNIT 12 의문사 How, Which, Whose

UNIT 9 명령문, 감탄문, 청유문

❶ 명령문, 감탄문, 청유문이란?

명령문은 상대방이 어떤 행동을 하도록 지시하는 문장이고, 감탄문은 어떤 것에 대한 놀라움을 나타내는 문장이며, 청유문은 상대방에게 어떤 일을 함께 하자고 제안하는 문장이에요.

Look at the bird. 저 새 좀 봐.
Let's go look around. 가서 살펴보자.
How cute! 정말 귀엽다!

❷ 명령문, 감탄문, 청유문 만들기

<명령문> [~해라]	<동사의 원형 ~.>
Be quiet. 조용히 해. Do your homework now. 지금 네 숙제를 해라.	

※ 앞이나 뒤에 please를 붙이면 조금 더 공손한 의미가 돼요. Please be quiet. 조용히 해 주세요.

<감탄문> [(정말) ~하구나!]	<How+형용사/부사(+주어+동사)!> / <What+(a/an)+형용사+명사(+주어+동사)!>
How smart(형용사) he(주어) is(동사)! 그는 정말 똑똑하구나! (비교) What a(a) smart(형용사) boy(명사) he(주어) is(동사)! 그는 정말 똑똑한 소년이구나!	
How interesting(형용사)! 정말 흥미롭구나! (비교) What an(an) interesting(형용사) idea(명사)! 정말 흥미로운 생각이구나!	

<청유문> [~하자]	<Let's+동사의 원형 ~.>
Let's play(동사의 원형) baseball. 우리 야구 하자. Let's make(동사의 원형) ice cream. 아이스크림을 만들자.	

❸ 명령문과 청유문의 부정

- 명령문의 부정은 명령문 앞에 Don't를 써서 표현해요.
  Don't be late. 늦지 마. Don't run on the stairs. 계단에서 뛰지 마.
- 청유문의 부정은 Let's 뒤에 not을 써서 표현해요.
  Let's not talk about it. 그것에 대해 이야기하지 말자.

Don't는 Do not의 줄임말이고, Let's는 Let us의 줄임말이에요.

STEP 1 기초 탄탄

정답과 해설 20쪽

A 다음 네모 안에서 알맞은 것을 고르고 관련 있는 그림과 연결하세요.

01 [Wash / Washes] your hands. • • (a)

02 [Not / Don't] take pictures. • • (b)

03 What a great teacher [he is / is he]! • • (c)

04 [How / What] delicious it is! • • (d)

05 Let's [go / goes] camping. • • (e)

Tip

다음의 어순을 기억하세요.

- 명령문

〈동사의 원형 ~.〉

- 부정명령문

〈Don't + 동사원형 ~.〉

- 감탄문

〈How + 형용사/부사(+주어 + 동사)!〉 / 〈What + (a/an) + 형용사 + 명사(+주어 + 동사)!〉

- 청유문

〈Let's + 동사원형 ~.〉

wash 씻다

take pictures 사진을 찍다

delicious 맛있는

go camping 캠핑을 가다

B 주어진 단어가 들어갈 적절한 위치를 고르세요.

01 What (①) a (②) hat (③)! — nice

02 (①) the (②) windows, (③) please. — close[Close]

03 (①) waste (②) your (③) money. — don't[Don't]

04 How (①) clean (②) his room (③)! — is

05 (①) eat (②) pizza (③) together. — let's[Let's]

hat 모자

close 닫다

waste 낭비하다

together 함께, 같이

정답과 해설 20쪽

A 주어진 단어의 순서를 재배열하여 우리말에 맞는 영어 문장을 완성해 보세요.

01 정말 아름다운 해변이구나! (beach, a, beautiful)

→ What ________ ________ ________!

02 아침에 일찍 일어나거라. (up, get, early)

→ ________ ________ ________ in the morning.

03 참으로 큰 코끼리구나! (the, big, elephant)

→ How ________ ________ ________ is!

04 잠시 휴식을 취하자. (a, let's, take)

→ ________ ________ ________ break.

05 내게 거짓말하지 마. (to, don't, lie)

→ ________ ________ ________ me.

Tip

- 감탄문은 <How+형용사/부사(+주어+동사)!> 또는 <What+(a/an)+형용사+명사(+주어+동사)!>의 어순을 따라요.
- 명령문은 동사의 원형으로 시작해요.
- 청유문은 <Let's +동사의 원형~.>의 어순으로 표현해요.
- 부정명령문은 명령문 앞에 Don't를 붙여요.

beach 해변
get up 일어나다
elephant 코끼리
take a break 휴식을 취하다
lie 거짓말하다

B 다음 문장에서 틀린 부분을 찾아 바르게 고쳐 쓰세요.

01 (부정명령문) Doesn't worry about it.

02 (감탄문) What tall a tower is it!

03 (청유문) Let's going to school.

04 (명령문) Is kind to others.

05 (감탄문) How fast runs the giraffe!

worry 걱정하다
tower 타워, 탑
fast 빠르게
giraffe 기린

정답과 해설 21쪽

A 다음 우리말에 맞게 주어진 단어를 이용하여 문장을 쓰세요.

01 정말 멋진 세상이구나! [what] [wonderful]

→ ______________________________

02 학교에 지각하지 마라. [late for school]

→ ______________________________

03 도서관에 가자. [let's] [to the library]

→ ______________________________

04 너의 신발을 벗어라. [take off] [shoes]

→ ______________________________

05 그 치타는 정말 빨리 달리는구나! [how] [the cheetah]

→ ______________________________

Tip
- 문장의 시작은 대문자로 하세요.
- 감탄문의 〈주어 + 동사〉는 생략할 수 있어요.
- 명령문은 동사원형으로 시작하고, 부정명령문은 그 앞에 Don't를 붙여요.
- Let's 다음에는 동사원형을 써요.

wonderful 멋진
late 늦은
library 도서관
take off ~을 벗다
cheetah 치타

B 그림을 보고, 보기에서 알맞은 단어를 골라 대화를 완성하세요.

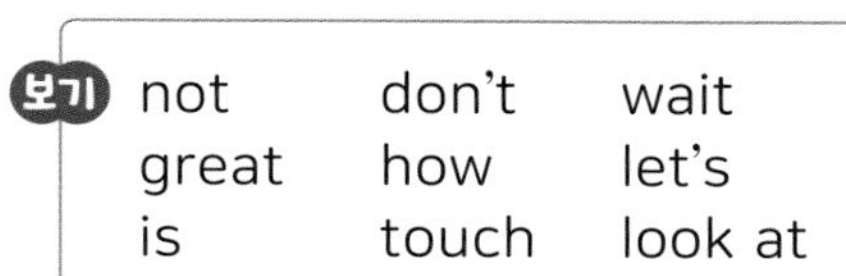

보기		
not	don't	wait
great	how	let's
is	touch	look at

Sam: What a 01 __________ dog!

Irene: Wow, 02 __________ big it 03 __________!

Sam: 04 __________ go and take a look.

Irene: 05 __________ a moment. 06 __________ the sign.

Sam: Oh, it says, "07 __________ 08 __________ the dog."

Irene: Right. Let's 09 __________ go close to the dog.

take a look 살펴보다
moment 순간
Wait a moment. 잠깐 기다려.
sign 표지판
go close to ~에 가까이 가다

UNIT 10 의문사 Who, What

❶ 의문사 Who와 What

who는 '누구[누가]', what은 '무엇'이라는 뜻의 의문사예요.

Who is the woman?
저 여자는 누구니?

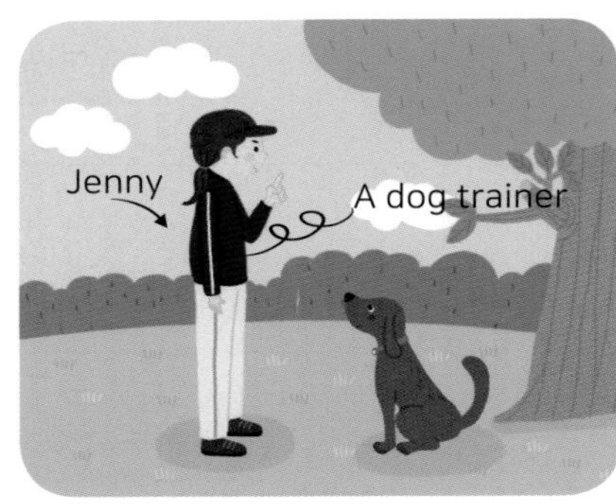

What does she do?
그녀는 무슨 일을 하니?

❷ Who와 What의 사용

Who	누구, 누가, 누구를	사람에 대해 물을 때	Who is he? 그는 누구니? Who knows the answer? 누가 정답을 알고 있니? Who did you meet? 너는 누구를 만났니? (meet: 앞에 do/does/did가 있다면 이곳은 동사원형)
What	무엇, 무엇을	동물이나 사물을 가리킬 때, 직업을 물을 때	What is your name? 너의 이름은 무엇이니? What do you want? 너는 무엇을 원하니? What should I do? 내가 무엇을 해야 하지? (should: 조동사 / do: 앞에 조동사가 있다면 이곳은 동사원형)
	무슨/어떤	What+명사	What color is your bike? 네 자전거는 무슨 색깔이야? What time is it now? 지금 몇 시니?

❸ 의문사가 있는 의문문의 형태

(1) 의문사+be동사+주어?

Who is she? 그녀는 누구니?

(2) 의문사+do/does/did+주어+동사원형 ~?

What does Sam eat for breakfast? Sam은 아침으로 무엇을 먹니?

(3) 의문사+조동사+주어+동사원형 ~?

Why should I go there? 내가 왜 거기에 가야 하니?
('Why': '왜'라는 뜻의 의문사)

의문사로 시작하는 의문문은
Yes나 No로 대답하지 않아요.
Q: Who are they?
A: They are my sisters.

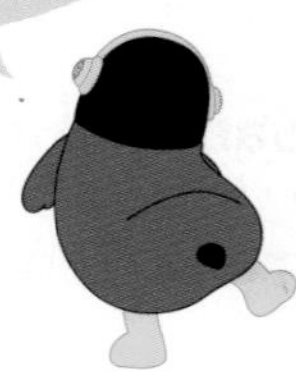

정답과 해설 22쪽

A 다음 네모 안에서 알맞은 것을 고르고 질문에 대한 응답이 될 수 있는 그림과 연결하세요.

01 [Who / What] time is it? •

02 [Who / What] wrote *Harry Potter*? •

03 [Who / What] are you eating? •

04 [Who / What] is your favorite sport? •

05 [Who / What] is hiding? •

• (a) soccer

• (b) six o'clock

• (c)

J. K. Rowling

• (d)

watermelon

• (e)

Ted

Tip

Who는 '누구, 누가, 누구를' 등으로 해석되고 What은 '무엇, 무엇을, 무슨' 등으로 해석돼요.

wrote 썼다 (write의 과거형)
favorite 가장 좋아하는
sport 스포츠, 운동
watermelon 수박
hide 숨다

B 밑줄 친 의문사의 알맞은 의미를 고르세요.

01 Who opened the window? [누가 / 누구를 / 누구에게]

02 What colors do you like? [무엇 / 무엇을 / 무슨]

03 Who is the tall boy? [누구 / 누구를 / 누구에게]

04 What is he doing? [무엇이 / 무엇을 / 무슨]

05 Who will you invite? [누가 / 누구를 / 누구에게]

window 창문
invite 초대하다

정답과 해설 22쪽

A 다음 빈칸에 Who 혹은 What을 넣어 대화를 완성하세요.

01 Q: [   ] is in the room now? A: Jack is there.

02 Q: [   ] does your mother do? A: She is a doctor.

03 Q: [   ] is in your bag? A: Nothing.

04 Q: [   ] can make a snowman? A: My uncle can do that.

05 Q: [   ] did you have for lunch? A: I had a sandwich.

06 Q: [   ] wants candies? A: I do.

Tip

대답을 통해 '사람'에 대한 질문인지 '사물'에 대한 질문인지 파악한 후 '사람'일 경우 Who를, '사물'일 경우 What을 써 줘요.

nothing 아무것도 (~ 아니다)
snowman 눈사람
uncle 삼촌
had 먹었다 (have의 과거형)
sandwich 샌드위치
candy 사탕

B 다음 문장에서 틀린 부분을 찾아 바르게 고쳐 쓰세요.

01 Who your English teacher is?

02 What did she said?

03 Who the game won?

04 Who do you think about the movie?

05 What do you like season?

06 What should say sorry first?

Tip

의문사가 있는 의문문의 형태는 다음과 같아요.

- <의문사+be동사+주어~?>
- <의문사+do/does/did+주어+동사원형~?>
- <의문사+조동사+주어+동사원형~?>

said 말했다(say의 과거형)
won 이겼다(win의 과거형)
season 계절

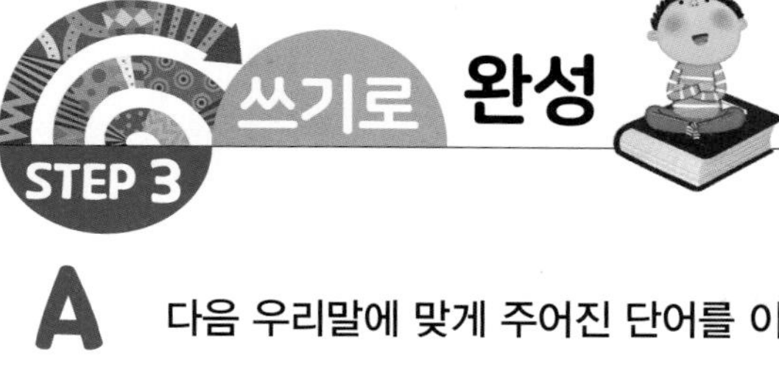

STEP 3 쓰기로 완성

정답과 해설 23쪽

A 다음 우리말에 맞게 주어진 단어를 이용하여 영어 문장을 쓰세요.

01 그 여자는 누구니? [the woman]

→ ______________________

02 너는 지금 무엇을 하고 있니? [doing] [now]

→ ______________________

03 누가 기타를 칠 수 있니? [can] [the guitar]

→ ______________________

04 누가 그 비밀을 알고 있니? [the secret]

→ ______________________

05 너는 그 가게에서 무엇을 구입했니? [buy] [at the shop]

→ ______________________

Tip

'누가, 누구' 등으로 해석되는 문장은 Who를, '무엇, 무엇을' 등으로 해석되는 문장은 What으로 시작해요.

guitar 기타
secret 비밀
buy 사다, 구입하다
shop 가게

B 그림을 보고, 화상 대화 속 우주비행사가 답한 내용을 참고하여 Who 혹은 What으로 시작하는 학생들의 질문을 완성하세요.

01 Tim and Sarah.
02 Space food.
03 My family.
04 It looks like a small blue ball.

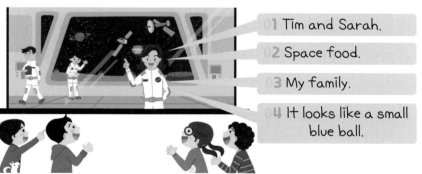

01 ______________ behind you? (who, the people)

02 ______________ you ______________? (what, eat)

03 ______________ you ______________? (who, miss)

04 ______________ look like from there? (what, the earth)

Tip

우주비행사의 대답을 잘 살펴보면 Who로 시작하는 질문인지, What으로 시작하는 질문인지 판단할 수 있어요.

space food 우주 식량
look like ~처럼 보이다
behind ~ 뒤에
miss 그리워하다
earth 지구

UNIT 11 의문사 When, Where, Why

❶ 의문사 When, Where, Why

when은 '언제', where는 '어디에', why는 '왜'라는 뜻의 의문사예요.

Where are you going?
너희들 어디로 가는 중이니?
To the south.
남쪽으로.
Why?
왜?
Because it's cold here.
이곳이 춥기 때문이야.

❷ When, Where, Why의 사용

When	언제	'시간'이나 '때'에 대해 물을 때	When is the school festival? 학교 축제가 언제니? When did they come back? 그들은 언제 돌아왔니? When will you leave? 너는 언제 떠날 거니? (will: 조동사, leave: 동사원형)
Where	어디	'장소'에 대해 물을 때	Where are the boys? 남자아이들은 어디에 있니? Where does Jiho live? 지호는 어디에 사니? Where can I find the washroom? 내가 어디에서 화장실을 찾을 수 있을까?
Why	왜	'이유'를 물을 때	Why is the sky blue? 하늘은 왜 파랗니? Why do you learn English? 너는 왜 영어를 배우니? Why should I help him? 내가 왜 그를 도와줘야 하니?

❸ When, Where, Why에 대한 대답

(1) When과 Where에 대해 답할 때 다음과 같은 전치사를 사용할 수 있어요.

〈시간 전치사〉 at(~에)[시각], on(~에)[날짜, 요일], in(~에)[연도, 월]

〈장소 전치사〉 in(~(안)에), on(~ 위에), under(~ 아래에), in front of(~ 앞에) 등

(2) Why로 시작하는 질문에는 because(왜냐하면)로 답할 수 있어요.

A: Why is Jason angry? Jason이 왜 화가 났니?

B: Because he lost his bike. 왜냐하면 그는 자전거를 잃어버렸거든.

구체적인 시각을 물을 때는 When 대신 What time을 사용할 수도 있어요.
What time will you leave?
너는 몇 시에 떠날 거니?

정답과 해설 24쪽

A 질문에 대한 응답이 될 수 있는 그림과 연결하세요.

01 When is your birthday? • • (a) Because it's funny.

02 Where do you usually study? • • (b)  at 7:30

03 Where is he from? • • (c)  at the library

04 Why are you laughing? • • (d)  Canada

05 What time do you wake up? • • (e) 

July 14th

Tip

When은 '언제'
Where는 '어디에'
Why는 '왜'라는 뜻의 의문사예요.

birthday 생일
usually 보통, 대개
be from ~ 출신이다
laugh 웃다
wake up 일어나다, 잠에서 깨다

B 다음 네모 안에서 알맞은 것을 골라 대화를 완성하세요.

01 **Q:** [When / Where / Why] are you going?
A: I'm going to the bank.

02 **Q:** [When / Where / Why] do you want to use my pen?
A: Because I lost mine.

03 **Q:** [When / Where / Why] were you?
A: I was in my room.

04 **Q:** [When / Where / Why] is he going to leave?
A: He is going to leave tomorrow.

05 **Q:** [When / Where / Why] are you so happy?
A: Because I'm going to visit my grandma this afternoon.

Tip

When은 '시간'이나 '때', Where는 '장소', Why는 '이유'를 물을 때 사용해요.

bank 은행
because 왜냐하면
lost 잃어버렸다 (lose의 과거형)
leave 떠나다, 출발하다
grandma 할머니 (=grandmother)

정답과 해설 24쪽

A 다음 빈칸에 When, Where 혹은 Why를 넣어 대화를 완성하세요.

01 Q: ☐ is Christmas? A: It's December 25th.

02 Q: ☐ did you go see a doctor?
A: Because I have a cold.

03 Q: ☐ is the theater? A: It's next to the post office.

04 Q: ☐ should we meet again?
A: Let's meet next month.

05 Q: ☐ did you buy your scarf? A: I bought it at the mall.

06 Q: ☐ are you sad?
A: Because my friend moved to another city.

Tip
대답을 읽으면 질문에 어떤 의문사가 사용됐는지 짐작할 수 있어요.

December 12월
go see a doctor 병원에 가다
have a cold 감기에 걸리다
theater 극장
post office 우체국
month 월[달]
scarf 스카프
bought 샀다[구입했다] (buy의 과거형)
mall 쇼핑몰
move 이사하다
another 다른

B 주어진 단어의 순서를 재배열하여 우리말에 맞는 영어 문장을 완성해 보세요.

01 우리는 영어를 왜 배울까? (we, do, learn)
→ Why ______ ______ ______ English?

02 너의 방학은 언제니? (vacation, your, is)
→ When ______ ______ ______?

03 너는 방과 후에 어디에 갈 거니? (go, will, you)
→ Where ______ ______ ______ after class?

04 파티가 언제 끝났니? (the party, end, did)
→ When ______ ______ ______?

05 내 신발이 어디에 있지? (my, are, shoes)
→ Where ______ ______ ______?

Tip
의문사 뒤에는 일반적으로 be동사, do/does/did, 조동사 중 하나가 먼저 위치해요.

learn 배우다
vacation 방학, 휴가
after class 방과 후
end 끝나다

정답과 해설 25쪽

A 다음 우리말에 맞게 주어진 단어를 이용하여 문장을 쓰세요.

01 점심시간은 언제니? lunch time

→ ______________________________

02 너는 그 배우를 어디에서 만났어? the actor

→ ______________________________

03 그들은 오늘 왜 피곤한 거니? tired

→ ______________________________

04 내가 그 약을 몇 시에 먹어야 하나요? should / take the medicine

→ ______________________________

05 아이들은 왜 코딩을 배울까? children / coding

→ ______________________________

Tip
When은 '언제', Where는 '어디', Why는 '왜'라는 뜻의 의문사예요. 구체적인 시각을 물을 때는 When 대신 What time을 사용해요.

lunch time 점심시간
actor 배우
tired 피곤한
take (the) medicine 약을 먹다
coding 코딩

B When, Where, Why를 이용하여 대화를 완성하세요.

01

A: ________ ________ ________ excited?
B: Because Jack Brown is going to have a concert today.

02

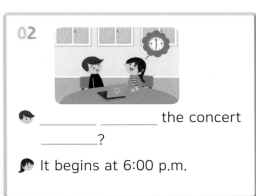

A: ________ ________ the concert ________?
B: It begins at 6:00 p.m.

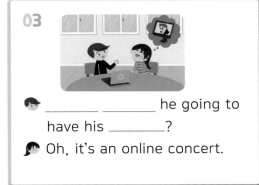

03

A: ________ ________ he going to have his ________?
B: Oh, it's an online concert.

04

A: Online concert? ________ ________ that?
B: Because of COVID-19.

※ COVID-19: 코로나바이러스감염증-19

excited 신이 나는
concert 콘서트
begin 시작하다
online 온라인
because of ~ 때문에

UNIT 12 의문사 How, Which, Whose

❶ 의문사 How, Which, Whose

how는 '어떻게', which는 '어느[어떤] (것)', whose는 '누구의 (것)'이라는 뜻의 의문사예요.

Whose leg is that?
저건 누구의 다리니?

Which one are you talking about? 어떤 걸 말하는 거니?

❷ How, Which, Whose의 사용

How	어떻게	방법, 수단, 상태를 물을 때	How do you go to school? 너는 학교에 어떻게 가니? How are you today? 오늘 기분이 어때?
	얼마나 [몇]	How+형용사/부사	How old(형용사) are you? 너는 몇 살이니? How fast(부사) can you run? 너는 얼마나 빨리 달릴 수 있니?
Which	어떤 (것), 어느 (것)	여러 개 중 하나를 고를 때	Which one is your pen? 어떤 게 너의 펜이니? Which book do you want to read? 너는 어느 책을 읽고 싶니?
Whose	누구의 / 누구의 것	Who(누가)의 소유격 / 소유대명사	(소유격) Whose bike is this? 이것은 누구의 자전거니? (뒤에 있는 명사를 꾸며줌) (소유대명사) Whose is this bike? 이 자전거는 누구의 것이니?

❸ 선택의문문

Which를 이용해서 둘 중 하나를 선택하라는 질문을 만들 수 있어요.

- 〈Which is better, A or B?〉

  Which is better, pizza or spaghetti? 피자와 스파게티 중 어떤 게 더 나아?

- 〈Which do you like better, A or B?〉

  Which do you like better, math or science? 너는 수학과 과학 중 어떤 걸 더 좋아하니?

better는 good의 비교급 표현이에요.

정답과 해설 26쪽

A 다음 질문에 대한 응답이 될 수 있는 그림과 연결하세요.

01 Which one is a soccer ball? •

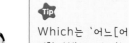

02 Whose car is that? •

03 How do you go to work? •

04 Which bike do you want? •

05 How is the weather? •

• (a)  
the white one

• (b) 
by bus

• (c) 
Mr. Clark's

• (d)
the bigger one

• (e) 
sunny

Which는 '어느[어떤]', Whose는 '누구의', How는 '어떻게'라고 해석해요.

soccer ball 축구공
go to work 일하러 가다[직장에 가다]
bike 자전거
want 원하다
weather 날씨

B 밑줄 친 의문사의 알맞은 의미를 고르세요.

01 How did you find the answer? 어떻게 / 얼마나 / 정말로

02 Which pencil is yours? 어떤 / 어떤 것 / 어떻게

03 Whose hairpin is this? 누가 / 누구의 / 누구의 것

04 How many students do you teach? 어떻게 / 얼마나 / 정말로

05 Which button did you pick? 어떤 / 어떤 것 / 어떻게

06 Whose is this? 누가 / 누구의 / 누구의 것

find 찾다
answer 정답, 해답, 답
pencil 연필
yours 너의 것
hairpin 머리핀
teach 가르치다
button 버튼, 단추
pick 고르다, 선택하다

정답과 해설 27쪽

A 다음 빈칸에 How, Which, 또는 Whose를 넣어 대화를 완성하세요.

01 Q: [ ] much is it? A: It's five dollars.

02 Q: [ ] bus should I take? A: You should take the number 50 bus.

03 Q: [ ] will you find the information? A: I'll use the Internet.

04 Q: [ ] umbrella is this? A: It's Peter's.

05 Q: [ ] do you like better, summer or winter? A: I like summer better.

06 Q: [ ] mistake was it? A: It was my mistake.

Tip
대답을 읽어보면 질문에 어떤 의문사가 사용되었는지 알 수 있어요.

How much is it? 그것은 얼마인가요?
dollar 달러
information 정보
the Internet 인터넷
umbrella 우산
better 더 많이, 더 잘
mistake 실수

B 주어진 단어들을 재배열하여 우리말에 맞는 영어 문장을 완성해 보세요.

01 너는 키가 얼마나 크니? (tall, you, are)
→ How ________ ________ ________?

02 누구의 별명이 angel이니? (nickname, angel, is)
→ Whose ________ ________ ________?

03 어떤 게 그의 집이니? (one, his, is)
→ Which ________ ________ ________ house?

04 너는 몇 층으로 가니? (are, floor, you)
→ Which ________ ________ ________ going to?

05 그는 여기에 어떻게 왔니? (get, he, did)
→ How ________ ________ ________ here?

Tip
Which와 Whose 다음에는 주로 명사가 와요.

nickname 별명
angel 천사
floor 층, 마루

STEP 3
쓰기로 완성

정답과 해설 27쪽

A 다음 우리말에 맞게 주어진 단어를 이용하여 문장을 쓰세요.

01 어떤 게 가격이 더 싼가요? one cheaper

→ ______________________________

02 내가 도서관에 어떻게 갈 수 있을까? can get to

→ ______________________________

03 이건 누구의 스마트폰이니? smartphone

→ ______________________________

04 이 연필은 누구의 것이니? this pencil

→ ______________________________

05 너의 주말은 어땠니? weekend

→ ______________________________

Tip

Which는 '어느[어떤]', Whose는 '누구의', How는 '어떻게'라고 해석된다는 사실을 기억하고, 우리말 해석을 통해 어떤 의문사를 써야 할지 먼저 파악하세요.

cheap 가격이 싼
get to ~에 도착하다
smartphone 스마트폰
weekend 주말

B 그림 속 학생들의 대답이 어떤 질문에 대한 대답인지 생각한 후, 주어진 단어를 이용하여 How, Which, Whose로 시작하는 질문을 완성하세요.

I'm feeling tired today.
This is Peter's.
I like cats better.
Mine.
Sangho
Bomi
Taeho
Minji

01 Sangho, [ ] are you [ ] today? (feel)

02 Bomi, [ ] is it? (soccer ball)

03 Taeho, [ ] better, dogs or cats? (like)

04 Minji, [ ] is it? (water gun)

Tip

학생들의 대답을 통해 질문을 유추해 본 후, How, Which, Whose 중 하나와 괄호 속 주어진 단어를 연결하여 질문을 만들어 보세요.

tired 피곤한
mine 내 것
water gun 물총

정답과 해설 28쪽

A 다음 빈칸에 들어갈 알맞은 말을 고르세요.

01 ________ cleaned the classroom? (Who What Where)

02 ________ is your favorite subject? (Who What Where)

03 ________ did you buy this beautiful dress? (Who What Where)

04 ________ did your family do last weekend? (Who What Where)

05 ________ wants to play with me after school? (Who What Where)

B 다음 대화의 빈칸에 알맞은 의문사를 써 보세요.

06 Q: ________ do you exercise? A: Because I want to be healthy.

07 Q: ________ pencil case is this? A: Oh, it's mine.

08 Q: ________ did you come to Korea? A: About a year ago.

09 Q: ________ do you say "Hello" in Korean? A: We say "Annyeong."

10 Q: ________ do you like better, chicken or pizza? A: I like chicken better.

C 다음 주어진 단어들을 배열하여 문장을 완성하세요.

11 (a, joke, what, funny) → ________________!

12 (order, pizza, let's, a) → ________________.

13 (the, be, of, careful, cars) → ________________.

14 (koala, how, the, cute, is) → ________________!

15 (TV, the, on, don't, turn) → ________________.

Chapter VI 전치사와 접속사

UNIT 13 시간과 장소 전치사

❶ 시간 전치사

〈at+구체적인 시각〉, 〈on+요일, 날짜〉, 〈in+월, 계절, 연도〉와 같이 시간을 나타낼 수 있어요.

at 3 p.m.	on April 4th / on Friday / on my birthday	in May	in (the) winter	in 2021

April
1 2 3 4 5
8 9 10 내 생일 12
15 16 17 18 19

May
1 2 3 4 5 6
7 8 9 10 11 12 13
14 15 16 17 18 19 20
21 22 23 24 25 26 27
28 29 30 31

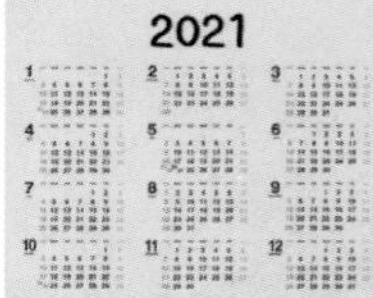

❷ 장소 전치사

in

on

under

behind

next to

between

in front of

in	~ 안에	A cat is in the box. 고양이는 상자 안에 있다.
on	~ 위에	A bird is on the box. 새가 상자 위에 있다.
under	~ 아래에	A mouse is under the box. 쥐가 상자 아래에 있다.
behind	~ 뒤에	A dog is behind the box. 개가 상자 뒤에 있다.
next to	~ 옆에	A rabbit is next to the box. 토끼가 상자 옆에 있다.
between	~ 사이에	A sheep is between two boxes. 양이 상자 두 개 사이에 있다. ※ between A and B: A와 B 사이에
in front of	~ 앞에	A frog is in front of the box. 개구리가 상자 앞에 있다.

❸ 그 밖의 시간·장소의 전치사

at은 비교적 좁은 장소 앞에, in은 넓은 장소(도시, 나라 등) 앞에 써요.

(1) for(~ 동안), about / around(대략, 약 ~경[쯤]에)

We played soccer for about an hour. 우리는 대략 1시간 동안 축구를 했다.

(2) at / in: ~에

He is at the bus stop now. 그는 지금 버스 정류장에 있다. He is in Canada now. 그는 지금 캐나다에 있다.

정답과 해설 29쪽

A 다음 그림에서 쥐가 있는 위치에 해당하는 말을 고르세요.

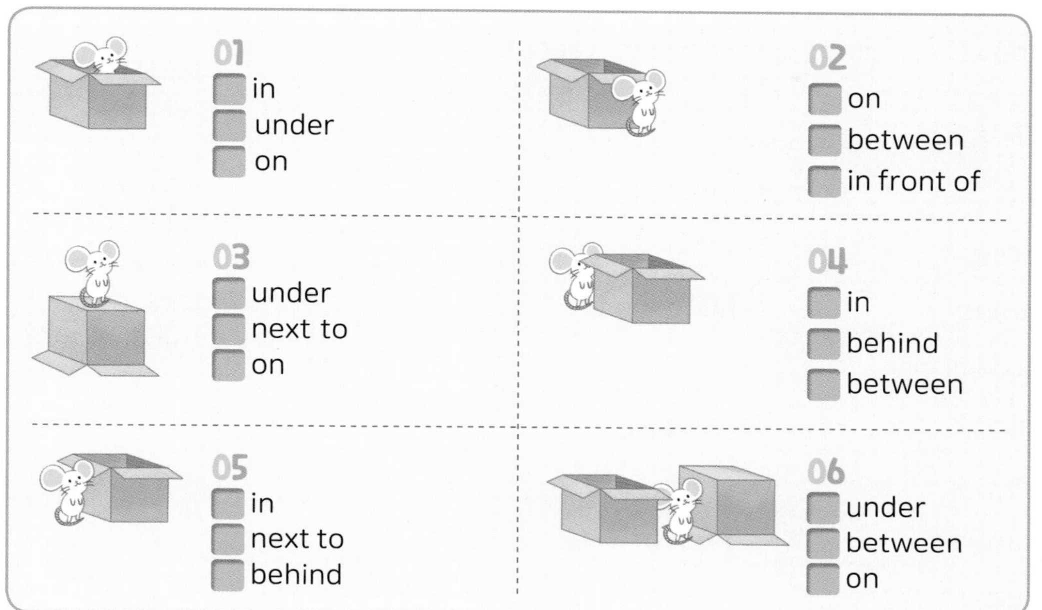

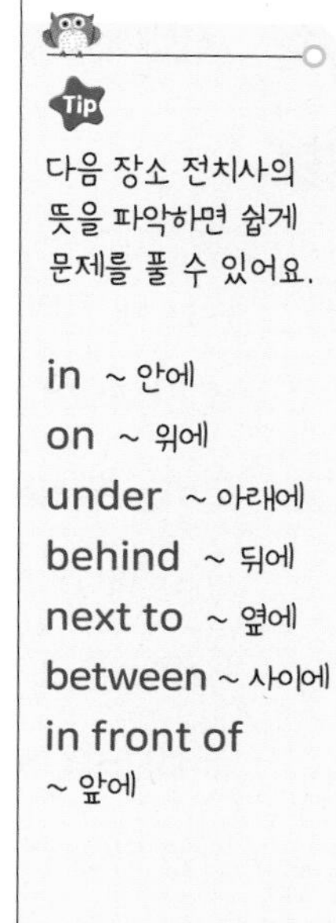

Tip
다음 장소 전치사의 뜻을 파악하면 쉽게 문제를 풀 수 있어요.
in ~ 안에
on ~ 위에
under ~ 아래에
behind ~ 뒤에
next to ~ 옆에
between ~ 사이에
in front of ~ 앞에

B 다음 네모 안에서 알맞은 것을 고르세요.

01 Let's meet [at / on / in] 7:00 p.m.

02 We often go skiing [at / on / in] winter.

03 I met him [at / on / in] October 14th.

04 Sam was five years old [at / on / in] 2016.

05 The party will start [at / on / in] 5 o'clock.

06 We had a party [at / on / in] his birthday.

Tip

at은 〈구체적인 시각〉 앞에, on은 〈요일, 날짜, 특정한 날〉 앞에, in은 〈월, 계절, 연도〉 앞에 사용해요.

often 종종, 자주
go skiing 스키 타러 가다
winter 겨울
met 만났다(meet의 과거형)
October 10월
o'clock (~시) 정각
birthday 생일

정답과 해설 30쪽

A 보기에서 알맞은 표현을 골라 우리말에 맞는 영어 문장을 완성하세요.

보기 in front of behind in between about for

01 나는 내 주머니 안에 동전을 하나 갖고 있다.
→ I have a coin [　　　] my pocket.

02 그녀는 두 나무 사이에 서 있다.
→ She is standing [　　　] two trees.

03 Brian은 소파 뒤에 숨어 있다.
→ Brian is hiding [　　　] the sofa.

04 나는 약 오후 6시쯤 집에 도착했다.
→ I arrived home at [　　　] 6 p.m.

05 그는 3시간 동안 컴퓨터 게임을 했다.
→ He played computer games [　　　] three hours.

06 누군가 나의 집 앞에 트럭을 주차했다.
→ Someone parked a truck [　　　] my house.

about 대략, 약 ~경[쯤]에
for ~ 동안
coin 동전
pocket 주머니
hide 숨다
sofa 소파
arrive 도착하다
park 주차하다
truck 트럭

B 다음 문장에서 틀린 부분을 찾아 바르게 고쳐 쓰세요.

01	My cousin lives at Seoul.	
02	My summer vacation begins in July 25th.	
03	You can see beautiful flowers on spring.	
04	I usually wake up on 7:30 in the morning.	
05	She works on England now.	

Tip
- 비교적 넓은 장소에 해당하는 도시, 나라 등의 이름 앞에는 in을 사용해요.
- 시각 앞에는 at, 날짜 앞에는 on, 계절 앞에는 in을 사용해요.

cousin 사촌
vacation 방학
begin 시작하다
July 7월
spring 봄
usually 보통, 대개
wake up (잠에서) 깨다

정답과 해설 30쪽

A 주어진 단어를 이용하여 우리말에 맞는 영어 문장을 완성해 보세요.

01 12월 26일에 만나자. `December 26th`

→ Let's ______________________________.

02 그것을 테이블 위에 놓아라. `the table`

→ Put ______________________________.

03 나는 2030년에 어른이 될 것이다. `become` `an adult`

→ I will ______________________________.

04 내가 네 옆에 앉아도 될까? `sit`

→ Can I ______________________________?

05 나는 한 시간 동안 산책할 것이다. `take a walk` `an hour`

→ I am going to ______________________________.

Tip

- 1번과 2번 문장은 Unit 9에서 배운 청유문과 명령문이에요.
- 모든 문장에 시간 전치사 또는 장소 전치사가 들어가요.

December 12월
put 놓다
become ~이 되다
adult 성인, 어른
take a walk 산책하다

B 주어진 단어와 장소 전치사를 이용하여 그림 속 상황을 묘사하는 문장을 완성하세요.

01 A cat is reading ______________________________. `a book`

02 A mouse is eating ______________________________. `cheese`

03 Two tigers are fighting ______________________________. `the sofa`

04 A frog is playing ______________________________. `the guitar`

05 A dog is listening to music ______________________________. `the sofa`

Tip

그림 속 상황과 일치하는 장소 전치사를 사용하세요.

mouse 쥐
cheese 치즈
tiger 호랑이
fight 싸우다
frog 개구리
guitar 기타
listen to ~을 듣다

UNIT 14 기타 전치사

❶ 기타 전치사

시간이나 장소의 전치사 이외에도 일상생활에서 많이 사용되는 전치사들이 있어요.

I go to school with Sujin by bike. That's good for our health.
나는 수진이와 함께 자전거로 학교에 가. 그것은 우리의 건강을 위해 좋아.

❷ for, with, by

for	~을[를] 위해	Soldiers fight for their country. 군인들은 그들의 국가를 위해 싸운다.
	~에 대해 (원인, 이유)	Thank you for your help. 당신의 도움에 감사드려요.
with	~로 (도구)	I eat noodles with chopsticks. 나는 젓가락으로 국수를 먹는다.
	~와 함께	Will you go camping with us? 너는 우리와 함께 캠핑을 갈래?
by	~로[~을 타고] (수단)	I go to school by bus. 나는 버스로 학교에 간다. ※ by+교통수단 by train 기차로 by bus 버스로 by taxi 택시로 by airplane 비행기로 by subway 지하철로
	~ 옆에	She is standing by the window. 그녀는 창가에 서 있다.

❸ of와 from

of	~(중)의 (소속)	He is a member of the school dance club. 그는 학교 댄스 동아리의 일원이다.
	~로 (재료)	This ring is made of gold. 이 반지는 금으로 만들어졌다.
from	~로부터	He is from Canada. 그는 캐나다 출신이다.
	~로 (재료)	Cheese is made from milk. 치즈는 우유로 만들어진다.

<be made of/from> 표현에서 재료의 모습이 남아 있을 때는 of, 남아 있지 않을 때는 from을 사용해요.

정답과 해설 31쪽

A 다음 그림과 어울리는 표현을 연결하고 네모 안에서 적절한 말을 고르세요.

01  • • (a) made [for / of] gold

02  • • (b) write [with / from] a pen

03  • • (c) go [by / for] taxi

04  • • (d) come [of / from] France

05  • • (e) a cake [for / of] my mom

Tip

다음 전치사들의 의미를 파악한 후 문제를 살펴보세요.

for ~을 위해
with ~로(도구)
by ~로(수단)
of ~로(재료)
from ~로부터

gold 금
taxi 택시
France 프랑스

B 다음 문장의 밑줄 친 전치사의 알맞은 의미를 고르세요.

01 I go to work by subway. [~을 타고 / ~ 옆에 / ~에 대해]

02 Most of my friends like pizza. [~에 대해 / ~로 / ~ 중의]

03 He ate the spaghetti with a fork. [~로 / ~을 위해 / ~와 함께]

04 Parents work for their children. [~로부터 / ~을 위해 / ~ 옆에]

05 She just came back from Busan. [~와 함께 / ~로부터 / ~로]

06 Look at the house by the river. [~ 중의 / ~에 대해 / ~ 옆에]

Tip

똑같은 전치사라도 문장에 따라 다양한 뜻을 갖고 있어요.

for
~을 위해 / ~에 대해
with
~로(도구) / ~와 함께
by
~로[~을 타고](수단) / ~ 옆에
of
~로(재료) / ~(중)의
from
~로부터 / ~로(재료)

most 대부분(의)
spaghetti 스파게티
fork 포크
parents 부모님

정답과 해설 31쪽

A 다음 보기의 단어를 이용하여 우리말에 맞는 영어 문장을 완성하세요.

보기: from of by for with

01 당신은 당신의 건강을 위해 운동을 해야 한다.
→ You should exercise ______ your health.

02 민지는 내 학생들 중 한 명이다.
→ Minji is one ______ my students.

03 나는 나의 학급 친구들과 함께 축구를 했다.
→ I played soccer ______ my classmates.

04 그녀는 창문 옆에 앉았다.
→ She sat ______ the window.

05 나는 Jay의 집으로부터 오는 중이다.
→ I'm coming ______ Jay's house.

exercise 운동하다
health 건강
classmate 학급 친구
sat 앉았다 (sit의 과거형)

B 다음 밑줄 친 부분을 바르게 고쳐 문장을 다시 쓰세요.

01	Please stay away by me.	
02	The chair is made for wood.	
03	I drew a heart in the sand from a stick.	
04	Many students go to school of bike.	
05	Paper is made for trees.	

Tip
'~로 만들어지다'라는 뜻으로 be made of/from을 사용할 수 있어요. 이때 재료의 모습이 남아 있을 때는 of를, 남아 있지 않을 때는 from을 사용해요.

stay away from ~에서 떨어져 있다
wood 나무
drew 그렸다 (draw의 과거형)
heart 하트
sand 모래
stick 막대기

정답과 해설 32쪽

A 다음 우리말에 맞게 주어진 단어를 이용하여 문장을 완성하세요.

01 당신의 친절함에 감사드립니다. kindness

→ Thank you ______________________________.

02 이 목걸이는 은으로 만들어졌다. silver

→ This necklace ______________________________.

03 나는 숟가락으로 밥을 먹는다. rice / a spoon

→ I eat ______________________________.

04 그는 기차로 서울에 갔다. Seoul / train

→ He ______________________________.

05 와인은 포도로 만들어진다. grapes

→ Wine ______________________________.

> Tip
> 다음 전치사들의 의미를 파악한 후 문제를 살펴보세요.
> **for** ~을 위해 / ~에 대해
> **with** ~로(도구) / ~와 함께
> **by** ~로[~을 타고](수단) / ~ 옆에
> **of** ~로(재료) / ~(중)의
> **from** ~로부터 / ~로(재료)
>
> kindness 친절함
> silver 은
> necklace 목걸이
> spoon 숟가락
> grape 포도
> wine 와인

B 그림을 보고, 보기의 단어를 이용하여 수지의 자기소개 글을 완성하세요.

보기

for	of	my parents	my dream
with	by	the lake	the school

01 I'm Suji. I live in the blue house [ ] [ ].

02 I live [ ] [ ] and grandparents.

03 I am a member [ ] [ ] soccer club.

04 I want to be a soccer player, so I practice hard [ ] [ ].

> parents 부모님
> dream 꿈
> lake 호수
> grandparents 조부모님
> member 회원, 구성원
> practice 연습하다

UNIT 15 and, but, or, so

❶ 접속사 and, but, or, so

and는 '그리고', but은 '그러나', or는 '혹은', so는 '그래서'라는 뜻의 접속사예요.

The rabbit ran, but he lost the race. 토끼가 달렸지만, 그는 경주에서 졌다.

The turtle didn't stop and won the race. 거북이는 멈추지 않았고 경주에서 승리했다.

❷ and, but, or의 사용

and, but, or는 등위접속사라고 부르며 앞뒤로 동등한 말이 와요.

and	그리고/~와[과]	but	그러나/하지만	or	혹은/또는

단어와 단어 연결	I bought bread and milk. 나는 빵과 우유를 샀다. Which color do you like better, black or white? 너는 검은색 혹은 하얀색 중에 어떤 색을 더 좋아하니?
구와 구 연결	This dress is very beautiful but too expensive. 이 드레스는 아주 아름답지만 너무 비싸다. Did you study at home or at the library? 너는 집에서 공부했니 아니면 도서관에서 했니?
절과 절 연결	He teaches math, and I teach science. 그는 수학을 가르치고 나는 과학을 가르친다. Jack studied hard, but he failed the test. Jack은 열심히 공부했지만 시험에 실패했다.

여러 개를 나열할 때는 맨 마지막에 나열하는 것 바로 앞에 and를 써요.
I bought bread, chocolate, and milk.
나는 빵, 초콜릿, 그리고 우유를 샀다.

❸ '결과' 앞에 쓰이는 so

so는 '그래서'라는 뜻의 접속사로서 어떤 원인에 대한 결과를 말할 때 사용해요. 〈원인+so+결과〉

I didn't have lunch, so I'm hungry now. 나는 점심을 안 먹어서 지금 배가 고프다.

원인(점심을 안 먹음) 결과(지금 배가 고픔)

정답과 해설 33쪽

A 다음 네모 안에서 알맞은 접속사를 고르세요.

01 You can drink water [or / but] juice.

02 I woke up late, [but / so] I was late for school.

03 Andy [so / and] I are best friends.

04 She tried hard [but / and] lost the game.

05 I had a cold, [or / so] I went to see a doctor.

Tip

다음 접속사의 의미를 파악한 후 문장을 해석해서 가장 자연스럽게 연결될 수 있는 접속사를 골라보세요.

and 그리고/~와[과]
but 그러나/하지만
or 혹은/또는
so 그래서

drink 마시다
woke (잠에서) 깼다 (wake의 과거형)
lost 졌다 (lose의 과거형)

B 주어진 단어가 들어갈 적절한 위치를 고르세요.

01 I was thirsty, (①) I (②) drank (③) water. [so]

02 I'm (①) Jason (②) I'm (③) 12 years old. [and]

03 Brian (①) hurried up, (②) he (③) missed the bus. [but]

04 He likes (①) apples, (②) oranges, (③) watermelons. [and]

05 Would you (①) like (②) coffee (③) tea? [or]

06 I fell off (①) my bike, (②) I didn't (③) get hurt. [but]

Tip

- 한 문장에 두 개의 절이 나올 경우 그 가운데에 등위접속사가 위치할 수 있어요.
- 3개 이상을 나열할 때 and는 제일 마지막에 나열한 것 바로 앞에 위치해요.

thirsty 목이 마른
drank 마셨다 (drink의 과거형)
miss 놓치다
watermelon 수박
tea (마시는) 차
fell 떨어졌다 (fall의 과거형)
get hurt 다치다

정답과 해설 33쪽

A 다음 보기의 단어들을 사용하여 우리말에 맞는 영어 문장을 완성하세요.

보기 and but or so

01 그녀는 유럽과 아시아에서 유명하다.
→ She is famous in Europe [ ] Asia.

02 너는 밖에 나갈 거야 아니면 집에 있을 거야?
→ Are you going to go out [ ] stay home?

03 Ted는 지난 밤에 잠을 잘 못 자서 지금 피곤하다.
→ Ted didn't sleep well last night, [ ] he is tired now.

04 나는 그들과 함께하고 싶지만 지금은 바쁘다.
→ I want to join them, [ ] I'm busy at the moment.

05 이 수프는 맵지만 맛있다.
→ This soup is spicy [ ] delicious.

Tip
우리말 해석을 통해 '그리고'라는 뜻의 and, '그러나'라는 뜻의 but, '혹은'이라는 뜻의 or, '그래서'라는 뜻의 so 중 가장 적절한 것을 골라 문장을 완성해 보세요.

famous 유명한
Europe 유럽
Asia 아시아
go out 외출하다
stay 머물다
last 지난
tired 피곤한
at the moment 지금
spicy 매운
delicious 맛있는

B 주어진 단어의 순서를 재배열하여 우리말에 맞는 영어 문장을 완성해 보세요.

01 나의 엄마와 아빠는 선생님이시다. (mom, dad, and, are)
→ My ______________________________ teachers.

02 나는 런던 혹은 파리를 방문할 것이다. (London, visit, Paris, or)
→ I will ______________________________.

03 추워서 나는 창문을 닫았다. (I, the window, so, closed)
→ It was cold, ______________________________.

04 Tim은 축구를 좋아하지만 야구는 좋아하지 않는다. (but, like, he, doesn't)
→ Tim likes soccer, ______________________________ baseball.

05 나는 피곤해서 일찍 잠자리에 들었다. (I, bed, so, went to)
→ I was tired, ______________________________ early.

Tip
등위접속사는 단어와 단어, 구와 구, 절과 절을 연결해요.

London 런던
visit 방문하다
Paris 파리
baseball 야구
went 갔다(go의 과거형)
go to bed 잠자리에 들다

정답과 해설 34쪽

A 주어진 단어를 이용하여 우리말에 맞는 영어 문장을 완성해 보세요.

01 수학은 어렵지만 나는 그것을 좋아한다. difficult like

→ Math ______________________________.

02 비가 오고 있어서 너는 우산이 필요하다. need an umbrella

→ It's raining, ______________________________.

03 Wendy는 손을 씻고 저녁을 먹었다. had dinner

→ Wendy washed her hands ______________________________.

04 너는 여름과 겨울 중에 어떤 게 더 좋니? better winter

→ Which do you like ______________________________?

Tip

- and는 '그리고', but은 '하지만'이라는 뜻으로 사용돼요.
- so 앞에는 원인, 뒤에는 결과에 해당하는 말이 와요.
- or는 Which로 시작하는 선택의문문에 사용돼요.

difficult 어려운
math 수학
umbrella 우산

B 접속사 and, but, or, so와 주어진 단어를 이용하여 대화를 완성하세요.

01

Are you ready to order?

Yes. ______________________________, please. (would like, a burger, fries)

02

______________________________? (for here, to go)

To go, please.

03

That'll be 7 dollars.

Oh, I'm sorry, ______________________________. (cheese sticks, too)

04

Cheese sticks are 3 dollars, ______________________________. (the total, 10 dollars)

Okay. Here you are.

order 주문하다
would like ~을 원하다
fries 감자튀김
For here or to go? 여기서 드실 건가요 아니면 가져가실 건가요?
dollar 달러
cheese sticks 치즈 스틱
total 총액
Here you are. 여기 있어요.(상대방에게 무언가를 건네주면서 하는 말)

UNIT 16 before, after, when, because

❶ 접속사 before, after, when, because

before는 '~ 전에', after는 '~ 후에', when은 '~할 때', because는 '~ 때문에'라는 뜻의 접속사예요.

→

He turned off his smartphone before he entered the classroom. 그는 교실에 들어가기 전에 스마트폰 전원을 껐다.

= He entered the classroom after he turned off his smartphone. 그는 스마트폰 전원을 끈 후에 교실에 들어갔다.

❷ before, after, when, because의 사용

before	~ 전에	전후 관계를 나타낼 때	I did my homework **before**/**after** I had dinner. 나는 저녁을 먹기 전에 / 먹은 후에 숙제를 했다.
after	~ 후에		
when	~할 때	어느 시점을 나타낼 때	**When** he was 10, he lived in Texas. 그는 10살 때 Texas에 살았다.
because	~ 때문에	이유를 말할 때	Her voice is not clear **because** she is wearing a mask. 그녀는 마스크를 착용하고 있기 때문에 목소리가 또렷하지 않다.

시간의 접속사가 이끄는 절에서는 의미가 미래를 나타내더라도 현재 시제를 사용해요.
I will leave when it stops raining.
will stop (×)

❸ because와 because of

because+절	We didn't go on a picnic **because** the weather was not good. 절[두 개 이상의 단어로 된 문장의 일부(주어와 동사 포함)] 날씨가 좋지 않았기 때문에 우리는 소풍을 가지 않았다.
because of+구	We didn't go on a picnic **because of** the bad weather. 구[두 개 이상의 단어로 된 표현(주어와 동사 불포함)] 나쁜 날씨 때문에 우리는 소풍을 가지 않았다.

정답과 해설 34쪽

A 다음 네모 안에서 알맞은 접속사를 고르세요.

01 He uses a straw [when / before] he drinks juice.

02 Turn off the light [before / after] you leave.

03 She needs an umbrella [after / because] it's raining.

04 He liked cotton candy [when / before] he was young.

05 I dried off my puppy [before / after] I bathed her.

Tip

다음 접속사의 의미를 파악한 후 문장을 해석해서 가장 자연스럽게 연결될 수 있는 접속사를 골라 보세요.

because ~ 때문에
before ~ 전에
when ~할 때
after ~ 후에

straw 빨대
turn off (전원을) 끄다
leave 떠나다
umbrella 우산
cotton candy 솜사탕
dried off ~을 말렸다(dry off의 과거형)
bathe 목욕시키다

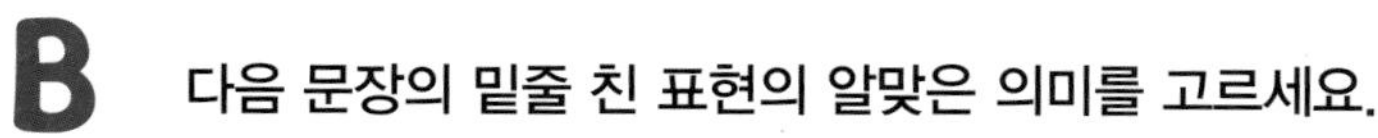

B 다음 문장의 밑줄 친 표현의 알맞은 의미를 고르세요.

01 Brush your teeth after you eat. [~할 때 / ~ 후에]

02 I couldn't sleep because of the noise. [~ 때문에 / ~ 후에]

03 Wear a helmet when you ride a bike. [~할 때 / ~ 때문에]

04 I'm sad because Lisa moved to another city. [~ 전에 / ~ 때문에]

05 I usually read a recipe before I cook. [~할 때 / ~ 전에]

Tip

밑줄 친 부분만이 아닌 문장 전체를 해석하면서 접속사의 뜻을 자연스럽게 해석해 보세요.

brush one's teeth 이를 닦다
because of ~ 때문에
noise 소음
helmet 헬멧
ride (말, 자전거 등을) 타다
usually 보통, 대개
recipe 조리법

정답과 해설 35쪽

A 다음 보기의 단어들을 사용하여 우리말에 맞는 영어 문장을 완성하세요.

보기 before after because because of when

01 Irene은 저녁을 먹은 후에 숙제를 했다.
→ Irene did her homework ______ she had dinner.

02 오늘이 내 생일이기 때문에 나는 행복하다.
→ I'm happy ______ today is my birthday.

03 그 소식을 들었을 때 나는 깜짝 놀랐다.
→ ______ I heard the news, I was surprised.

04 우리는 John과 Rudy 때문에 버스를 놓쳤다.
→ We missed the bus ______ John and Rudy.

05 네가 수영하기 전에 준비 운동을 해라.
→ Do warm-up exercises ______ you swim.

Tip
because 다음에는 절(clause)을, because of 다음에는 구(phrase)를 써요. 절(clause)은 '주어'와 '동사'를 포함하고 있어요.

do one's homework 숙제하다
heard 들었다 (hear의 과거형)
surprised 놀란
miss 놓치다
warm-up exercise 준비 운동

B 주어진 단어의 순서를 재배열하여 우리말에 맞는 영어 문장을 완성해 보세요.

01 그가 돌아왔을 때 나는 자고 있었다. (he, when, came back)
→ I was sleeping ______.

02 내가 전화를 잃어버려서 네게 전화할 수 없었어. (lost, I, because)
→ I couldn't call you ______ my phone.

03 네가 떠나기 전에 저녁 같이 먹자. (leave, you, before)
→ Let's have dinner together ______.

04 Jack은 축구를 한 뒤에 샤워를 했다. (he, after, played)
→ Jack took a shower ______ soccer.

05 사람들은 그의 친절함 때문에 그를 좋아한다. (kindness, because of, his)
→ People like him ______.

Tip
접속사 다음에는 '주어'와 '동사'가 순서대로 위치해요.

came 왔다 (come의 과거형)
lost 잃어버렸다 (lose의 과거형)
take a shower 샤워를 하다
kindness 친절함

정답과 해설 36쪽

A 주어진 단어를 이용하여 두 문장의 뜻이 같도록 빈칸에 알맞은 말을 쓰세요.

01 Paul took some medicine, and he went to bed.
→ Paul ________________________. **before**

02 I arrived home and called Mom.
→ I ________________________. **after**

03 I was thirsty, so I drank water.
→ I ________________________. **because**

04 I saw her in the morning. She was crying.
→ She ________________________. **when**

> **Tip**
> before와 after 중 어떤 접속사가 적절한지 알기 위해서는 두 가지 일 중 어떤 게 먼저 일어났는지를 살펴 보세요.
>
> **take medicine** 약을 먹다
> **go to bed** 잠자리에 들다
> **thirsty** 갈증이 나는
> **drank** 마셨다 (drink의 과거형)

B 주어진 단어를 이용하여 서울을 여행 중인 Chris가 어제 오후에 했던 일을 묘사하는 글을 완성하세요.

12:00 had lunch → 13:00 Insadong, bought some gifts for my family → 17:30 had dinner → 19:00 came back to the hotel → 20:00 went to bed early, tired

Yesterday I went to Insadong 01 ________________. (after)
02 ________________, I bought some gifts for my family (when). 03 ________________, I had dinner. (before)
I went to bed early 04 ________________. (because)

> **Tip**
> Chris가 했던 일의 순서를 파악하면 before와 after를 적절하게 사용할 수 있어요.
>
> **bought** 구입했다 (buy의 과거형)
> **gift** 선물
> **came** 왔다 (come의 과거형)
> **went** 갔다 (go의 과거형)
> **tired** 피곤한
> **yesterday** 어제

정답과 해설 36쪽

A 다음 빈칸에 들어갈 알맞은 말을 고르세요.

01 The clock is ________ the wall. (□ at □ on □ in)

02 He studied English ________ Canada. (□ at □ on □ in)

03 We always eat lunch ________ 12:30. (□ at □ on □ in)

04 My best friend's birthday is ________ October. (□ at □ on □ in)

05 I will visit my grandparents ________ Saturday. (□ at □ on □ in)

B 다음 보기의 단어 중 하나를 골라 문장을 완성하세요.

보기 by of for with from

06 I want to be ________ you.

07 Plastic is made ________ oil.

08 One ________ my friends is an actor.

09 He went to Jeju Island ________ airplane.

10 She read a book ________ two hours in the morning.

C 다음 주어진 단어들을 배열하여 문장을 완성하세요.

11 (full, I, felt, ate, after, cake) → I ________________.

12 (sick, school, was, he, to, but, went) → He ________________.

13 (were, visited, when, dancing, I, them) → They ________________.

14 (she, reads, so, many, smart, is, books) → She ________________.

15 (studied, passed, the, because, hard, test, I) → I ________________.

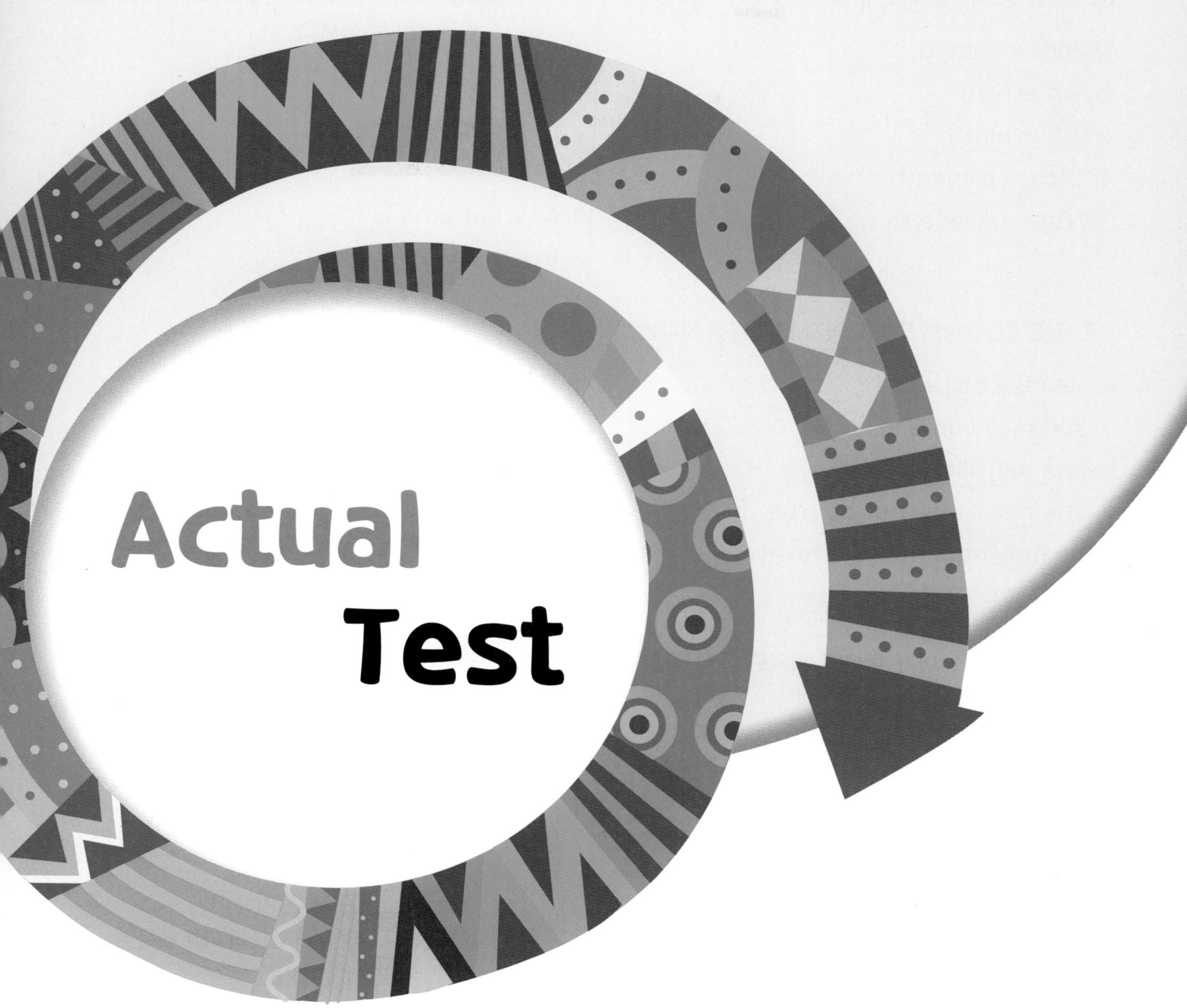
Actual
Test

Actual Test

/ 100점

* 점수 표시가 없는 문항은 4점입니다.

01 다음 중 서수를 잘못 쓴 것은?

① 2nd → second
② 5th → fifth
③ 9th → ninth
④ 11th → eleventh
⑤ 20th → twentyth

02 밑줄 친 may의 뜻이 나머지 넷과 다른 하나는?

① He may be tired.
② You may come in.
③ She may like this car.
④ The news may not be true.
⑤ He may not know the answer.

[03~04] 주어진 단어가 들어갈 위치로 가장 적절한 곳을 고르세요.

03 not

Let's (①) talk (②) about (③) the (④) test (⑤).

04 often

Jason (①) cooks (②) Korean (③) food (④) like (⑤) bibimbap and japchae.

[05~06] 그림을 보고, 대화 속 밑줄 친 부분을 읽는 법을 영어로 쓰세요.

05

8:45

A: What time is it?
B: It's 8:45.

→ ______________________

고난도
06 [5점]

2011

A: When were you born?
B: I was born in 2011.

→ ______________________

07 빈칸에 들어갈 말이 나머지 넷과 다른 것은?

① ________ nice!
② ________ delicious it is!
③ ________ a funny story!
④ ________ beautiful she is!
⑤ ________ expensive the car is!

08 다음 대화의 빈칸에 알맞은 말이 순서대로 짝지어진 것은?

A: ________ do you want to be in the future?
B: I want to be a soccer player.
A: ________ is your favorite soccer player?
B: I like Messi best.

① Who – What ② Who – How
③ What – How ④ What – Who
⑤ How – Who

09 그림 속 남자가 현재 하고 있는 행동을 묘사하는 문장을 완성하세요.

→ He ________ ________ in the pool. (swim)

10 다음 표의 내용과 일치하지 않는 것은?

이름	Peter	James	Evan
나이	10살	11살	12살
키	134cm	139cm	144cm

① Peter is shorter than Evan.
② James is taller than Peter.
③ James is younger than Evan.
④ Evan is older than Peter.
⑤ Evan is shorter than James.

11 다음 두 문장의 빈칸에 공통으로 알맞은 것은?

- Which do you like better, math ________ science?
- Are you going to visit your grandpa today ________ tomorrow?

① or ② so ③ and ④ but ⑤ for

[12~13] 다음 중 밑줄 친 부분의 쓰임이 어색한 문장을 두 개 고르세요.

12

① Tom has many friends.
② I don't need much food.
③ She drank a lot of water.
④ I don't have many money.
⑤ There are much toys on the table.

13

① She was born in 2012.
② We met in January 15th.
③ He arrived home at 8 o'clock.
④ I don't usually go out on winter.
⑤ I had a big party on my birthday.

14 다음 밑줄 친 부분과 의미가 가장 비슷한 것은?

I am going to go to the library and read some books today.

① do ② can ③ will
④ may ⑤ must

15 괄호 안에 주어진 단어를 이용하여 문장을 완성하세요.

A watermelon is ________ than an apple. (big)

16 다음 경고문의 제목을 완성하세요.

Please ______ feed the animals.

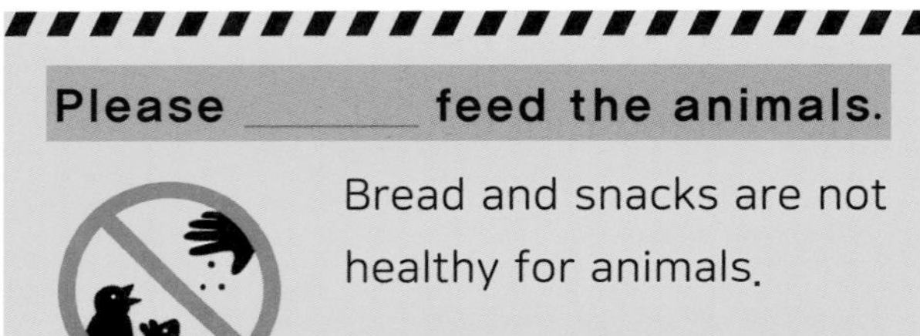

Bread and snacks are not healthy for animals.

17 다음 글을 읽고 글쓴이에 대해 답할 수 없는 질문은?

> My name is Sam. I'm 12. I was born in Boston, but now I live in Chicago. I want to be a chef because I love cooking.

① What's his name?
② How old is he?
③ Where does he live now?
④ When did he move to Chicago?
⑤ Why does he want to be a chef?

[18~19] 다음 Sarah의 일기를 읽고 물음에 답하세요.

> Today I woke up at 7:30. I went to school __ⓐ__ Jenny __ⓑ__ bus. After school, Jenny and I went to a shopping mall. We wanted to buy a birthday present for our friend Julie. We went to a bookstore after we bought a small gift. What a busy day!

18 윗글의 빈칸 ⓐ, ⓑ에 알맞은 말이 순서대로 바르게 짝지어진 것은?

① by – from ② for – by
③ for – with ④ with – from
⑤ with – by

19 윗글에서 Sarah가 오늘 한 일을 순서대로 바르게 나열한 것은?

> (A) 서점 가기
> (B) 학교 가기
> (C) 친구 선물 사기

① (A)-(B)-(C) ② (A)-(C)-(B)
③ (B)-(A)-(C) ④ (B)-(C)-(A)
⑤ (C)-(B)-(A)

[20~21] 그림을 보고, 에서 알맞은 단어를 골라 문장을 완성하세요.

보기 or, so, but

고난도

20 [5점]

Sandy likes cheese, ________ David ________________________.

고난도

21 [5점]

It was hot, ________ Bob ________ ________________________.

22 다음 문장에서 어법상 틀린 부분을 고쳐 문장을 다시 쓰세요.

(1) He should studies hard.
(2) She have to wear a uniform at school.

(1) ________________________
(2) ________________________

23 다음 주어진 단어의 순서를 재배열하여 감탄문을 완성하세요.

(1) (the pizza, how, big, is)

→ ________________________!

(2) (a, he, what, is, boy, smart)

→ ________________________!

고난도

24 주어진 조건에 맞게 그림 속 동물들의 행동을 묘사하는 문장을 완성하세요. [5점]

조건
- 현재진행형 문장으로 쓸 것
- 장소 전치사를 사용할 것

(1) Two birds ________________________.
(2) A dog ________________________.

MEMO

정답과 해설

Chapter I

수

UNIT 1 기수와 서수

STEP 1 기초 탄탄

본문 9쪽

A
01 second
02 third
03 fourth
04 fifth
05 seventh

B
01 hundred
02 forty-nine
03 ninety-one
04 fifty-eight
05 thousand
06 twenty-three
07 seventy-two
08 eleven
09 twelve
➡ drie(d), well

A

해석

01 두 번째 02 세 번째 03 네 번째
04 다섯 번째 05 일곱 번째

해설

01 2(two)의 서수는 second이다.
02 3(three)의 서수는 third이다.
03 4(four)의 서수는 fourth이다.
04 5(five)의 서수는 fifth이다.
05 7(seven)의 서수는 seventh이다.

B

해석

너는 이 셔츠를 잘 말렸다.

해설

01 100은 hundred이다.
02 49는 40과 9를 하이픈(-)으로 연결한다.
03 91은 90과 1을 하이픈(-)으로 연결한다.
04 58은 50과 8을 하이픈(-)으로 연결한다.
05 1,000은 thousand이다.
06 23은 20과 3을 하이픈(-)으로 연결한다.
07 72는 70과 2를 하이픈(-)으로 연결한다.
08 11은 10과 1의 결합이 아니라 eleven이다.
09 12는 10과 2의 결합이 아니라 twelve이다.

STEP 2 실력 쑥쑥

본문 10쪽

A
01 five
02 thirty-six
03 one hundred eighty-four
04 Twelve
05 ninety
06 forty-five

B
01 second
02 five
03 tenth
04 twenty-eight
05 twentieth

A

해석

01 꽃병에 꽃이 다섯 송이 있다.
02 Q: 너는 쿠키가 몇 개 있니?
A: 나는 36개의 쿠키가 있어.
03 민재는 키가 매우 크다. 그는 184cm이다.
04 한 팩에 달걀이 12개 있다.
05 어제는 우리 할머니의 생신이셨다. 할머니의 연세는 구십이시다.
06 Q: 몇 시야? A: 2시 45분이야.

해설

01 꽃병의 꽃은 다섯 송이이다.
02 6개의 상자에 쿠키가 각각 6개씩 들어 있으므로 모두 36개이다.
03 학생의 키는 184cm인데, 백이 하나이므로 one hundred라고 써야 한다. 그냥 hundred라고 쓰지 않도록 주의한다.
04 12는 twelve이다.
05 90은 숫자 9(nine)에 -ty를 붙인다.
06 45는 40과 5를 하이픈(-)으로 연결한다.

B

해석

01 그 가게는 2층에 있다.
02 나는 매일 다섯 개의 수업이 들었다.
03 Anna는 작년 마라톤에서 10등을 했다.
04 2월에는 28일이 있다.

05 Paula는 사람들 앞에서 그녀의 20번째 노래를 불렀다.

해설

01 몇 층인지를 나타낼 때는 서수를 쓴다.
02 매일 몇 시간의 수업이 들었는지는 개수로 나타내므로 기수를 쓴다.
03 순위나 등수를 나타낼 때는 서수를 쓴다.
04 days가 복수형이므로 개수를 나타내는 기수가 와야 한다.
05 숫자 다음에 나온 명사 song이 단수이므로 순서를 나타내는 서수가 와야 한다.

STEP 3 쓰기로 완성

본문 11쪽

A 01 the second son 02 five desks
03 first 04 third 05 two hundred
B 01 third 02 four, four
03 Two, three 04 Ten

A

해설

01 순서를 나타내는 서수는 대개 관사 the와 함께 쓰인다. 〈the+서수+명사〉로 쓴다.
02 책상 다섯 개는 〈기수+책상의 복수형〉으로 쓴다.
03 처음은 첫 번째라는 순서를 나타내므로 first를 쓴다.
04 세 번째는 third로 이름이 따로 있다.
05 200은 100이 두 개 있는 것으로 two hundred라고 쓴다. hundreds라고 쓰지 않도록 주의한다.

B

해석

01 이 식탁은 저녁식사를 위한 것이다. 저녁식사는 하루 중 세 번째의 식사이다.
02 숟가락 네 개와 포크 네 개가 있다.
03 접시 두 개는 비어 있고 세 개의 접시는 음식으로 가득 차 있다.
04 가운데에 10개의 당근이 있다.

해설

식탁 위에 차려진 저녁식사를 묘사하는 그림이다. 개수를 정확하게 파악하여 문장을 완성하도록 한다.

UNIT 2 수 읽기와 수량 표현

STEP 1 기초 탄탄

본문 13쪽

A 01 five thirty-five
02 four dollars fifty cents
03 twenty-twenty 또는 two thousand twenty
04 November (the) twenty-fourth 또는 the twenty-fourth of November
05 zero[oh] one zero[oh] two three four five six seven eight
B 01 three pieces 02 seven slices
03 two sheets[pieces]
04 four bottles 05 one spoonful
06 five cups

A

해설

01 시각을 읽을 때는 시와 분을 각각 따로 읽는다.
02 금액을 읽을 때는 기수 읽는 방법과 같으나 단위(dollar, cent)를 금액 다음에 넣어 준다.
03 연도는 원칙적으로 두 자리씩 끊어 읽고, 연도 자체를 하나의 숫자처럼 읽기도 한다.
04 날짜를 읽을 때는 달은 각각의 이름으로, 날짜는 서수로 읽는다.
05 전화번호는 일반적으로 숫자를 하나하나 읽는다.

B

해석

01 케이크 3조각 02 치즈 7장
03 종이 2장 04 우유 4병
05 소금 1스푼 06 커피 5잔

해설

01 조각으로 나뉘어진 케이크이므로 piece를 쓰는데 세 조각이므로 three pieces로 쓴다.
02 얇게 썰어진 것은 slice이다. 7조각이므로 seven slices이다.

03 종이를 셀 때는 sheet 또는 piece를 사용한다.
04 병은 bottle이고, 네 병이 있으니 four bottles이다.
05 숟가락 가득 있는 것은 spoonful이라고 한다.
06 따뜻한 음료는 cup, 시원한 음료는 glass와 함께 쓴다.

STEP 2 실력 쑥쑥

본문 14쪽

A
01 two thousand eight 또는 twenty oh eight
02 January (the) third 또는 the third of January
03 zero[oh] nine zero[oh] nine three nine zero[oh] three four four five
04 one dollar fifty cents
05 seven thirty

B
01 a[one] glass
02 zero[oh] nine zero[oh] two four seven seven seven seven eight eight
03 two boxes
04 The fourteenth
05 cup of tea
06 Twenty twenty-one 또는 Two thousand twenty-one

A

해석

01 나는 2008년에 태어났다.
02 내 생일은 1월 3일이다.
03 Kevin의 새 전화번호는 090-9390-3445이다.
04 이 핫도그는 1달러 50센트이다.
05 7시 30분이야. 일어날 시간이야!

해설

01 연도는 원칙적으로 두 자리씩 끊어 읽고, 연도 자체를 하나의 숫자처럼 읽기도 한다.
02 날짜에서 달은 이름으로, 날짜는 서수로 읽는다.
03 전화번호는 일반적으로 숫자를 하나하나 읽는다.
04 금액을 읽을 때는 기수 읽는 방법과 같으나 단위(dollar, cent)를 금액 다음에 넣어 읽는다.
05 시각을 읽을 때는 시간과 분을 각각 따로 읽는다.

B

해설

01 우유는 보통 시원한 상태로 먹게 되므로 잔을 나타낼 때 a glass of를 사용한다.
02 전화번호는 숫자를 하나하나 읽는다.
03 박스가 두 개이므로 two boxes라고 쓴다.
04 달은 이름으로 읽고, 날짜는 서수로 읽는다.
05 차는 대개 따뜻한 음료로 마시므로 cup을 사용한다.
06 연도는 원칙적으로 두 자리씩 끊어 읽고, 연도 자체를 하나의 숫자처럼 읽기도 한다.

STEP 3 쓰기로 완성

본문 15쪽

A
01 of this item is fifty cents
02 buy a pair of jeans
03 fireworks on July seventh
04 three sheets of paper
05 chose two pairs of shoes

B
01 two dollars sixty cents
02 December (the) thirty-first 또는 the thirty-first of December
03 pairs
04 pieces

A

해설

01 사물의 소유격을 나타내는 of를 쓸 때, 'A의 B'라는 말은 〈B of A〉로 나타낸다.
02 두 개가 모여 기능을 하는 물건들은 a pair of를 사용하여 개수를 나타낸다.
03 특정 날짜 앞에 쓰는 전치사는 on이고, 날짜를 읽을 때 달은 이름으로, 날짜는 서수로 읽는다.
04 종이를 셀 때는 sheet 또는 piece를 사용한다.
05 신발은 두 개가 모여 기능을 하는 물건이므로 a pair of를 사용하여 개수를 나타낸다. 두 켤레이므로 two pairs이다.

B

해석

01 A: 이거 얼마예요? B: 그것은 2달러 60센트예요.

02 A: 겨울방학이 다가오고 있어!
B: 응. 12월 31일에 시작해.

03 A: 엄마, 새 바지를 몇 벌 사고 싶어요. B: 좋아, 두 벌 사자.

04 A: 너 배고프니? B: 응! 케이크 세 조각을 먹고 싶어.

해설

01 금액을 읽을 때는 기수로 읽는데 단위인 dollar와 cent를 금액 다음에 넣어 읽는다.

02 날짜를 읽을 때 달은 각각 이름으로 읽고, 날짜는 서수로 읽는다.

03 두 벌이라 했으므로 pair의 복수형인 pairs를 쓴다.

04 케이크가 세 조각이므로 piece의 복수형인 pieces를 쓴다.

Check! 체크! Chapter I

본문 16쪽

A 01 second 02 five pieces of cake
03 April fourth 04 three
05 thirteen

B 06 three dollars twenty cents
07 twenty twenty-five
또는 two thousand twenty-five
08 eleven thirty
09 five six seven eight one two three four
10 nine (o'clock)

C 11 first 12 forty 13 five bottles
14 thirty pairs 15 August fifteenth

A

01 그 교실은 2층에 있다.
해설 몇 층인지 나타낼 때는 서수를 쓴다.
어휘 • classroom 교실 • floor 층

02 저에게 케이크 다섯 조각을 주시겠어요?
해설 셀 수 없는 명사의 수량을 나타낼 때는 〈숫자+수량을 나타내는 단어+of+명사〉를 쓴다. 이때 여러 개일 때는 수량을 나타내는 단어에 -s를 붙인다.

03 Sam의 생일은 4월 4일이다.
해설 날짜를 나타낼 때는 서수를 쓴다.
어휘 • April 4월

04 나는 하루에 세 번 이를 닦는다.
해설 횟수를 나타낼 때는 기수를 쓴다.
중요 표현 ■ ~ times a day: 하루에 ~번
어휘 • brush 닦다 • teeth 치아(tooth의 복수형)

05 스튜디오에는 13명의 사람이 있다.
해설 개수를 나타낼 때는 기수를 쓴다.
중요 표현 ■ There are+복수명사: ~들이 있다
어휘 • people 사람들

B

06 이 공책은 3달러 20센트이다.
해설 금액은 기수로 읽고 돈의 단위를 함께 읽어 준다.

07 2025년에 무슨 일이 일어날까?
해설 연도를 읽을 때는 두 자리씩 끊어 읽거나, 연도 자체를 하나의 숫자처럼 읽기도 한다.

08 나는 11시 30분에 잔다.
해설 시각을 읽을 때는 시와 분을 각각 따로 읽는다.
중요 표현 ■ go to bed: 자다, 잠자리에 들다

09 나의 전화번호는 5678-1234이다.
해설 전화번호는 숫자를 하나하나 읽는다.

10 수업은 오전 9시에 시작한다.
해설 정각인 시각을 나타낼 때는 o'clock을 쓰기도 하고 생략하기도 한다.
어휘 • class 수업

C

11 해설 순서를 나타낼 때는 서수를 쓴다.
어휘 • daughter 딸

12 해설 개수를 나타낼 때는 기수를 쓴다.

13 해설 셀 수 없는 명사의 수량을 나타낼 때는 〈숫자+수량을 나타내는 단어+of+명사〉를 쓴다.
어휘 • bought 샀다(buy의 과거형)

14 해설 gloves처럼 쌍으로 사용되는 물건의 수량은 pair라는 단어를 써서 나타내고 두 쌍 이상일 때는 수량을 나타내는 단어를 복수형으로 쓴다.
어휘 • donate 기부[기증]하다
• children's hospital 어린이병원

15 해설 날짜를 읽을 때는 달은 이름으로, 날짜는 서수로 읽는다.

Chapter Ⅱ

조동사

UNIT 3 can, may

STEP 1 기초 탄탄

본문 19쪽

A 01 Can 02 may 03 Can 04 can

B 01 can/may 02 may 03 may 04 Can/May 05 can 06 Can

A

해석

01 A: 네 연필 좀 써도 될까?
B: 응, 써도 돼. 여기 있어.

02 A: 그는 Jane의 할아버지일지도 몰라.
B: 아마도.

03 A: 우리 이번 주말에 소풍을 갈 수 있을까?
B: 응, 갈 수 있어. 날씨가 좋을 거야.

04 A: 그녀는 정말 용감해. 야생동물의 사진을 찍을 수 있어!
B: 그녀는 대단해!

해설

01 허락을 나타낼 때는 can, may 모두 쓸 수 있지만 B의 대답에 can이 있으므로 can으로 묻는 것이 자연스럽다.

02 추측을 나타낼 때는 may를 쓴다.

03 B의 대답에 can이 있는 것으로 보아 가능한지를 묻고 있다. 가능을 나타내는 조동사는 can이다.

04 그림 속에 사진작가가 야생동물의 사진을 찍고 있는 것을 보고 나누는 대화이므로 실제 그녀가 할 수 있다는 내용이 오는 것이 자연스럽다.

B

해설

01 허락을 나타낼 때는 can, may 둘 다 사용할 수 있다.

02 추측을 나타내는 조동사는 may이다.

03 추측을 나타내는 조동사는 may이다.

04 허락을 나타낼 때는 can, may 둘 다 사용할 수 있다.

05 할 수 있음을 나타내는 조동사는 can이다.

06 할 수 있는지를 물을 때는 can을 사용한다.

STEP 2 실력 쑥쑥

본문 20쪽

A 01 can 02 May 03 Can 04 may 05 Can/May

B 01 She can move all the chairs.
02 The boy may be Sean's brother.
03 He can ride a bike very well.
04 Yes, I can.
05 May I go to the bathroom?

A

해석

01 A: 무엇을 도와드릴까요?
B: 저는 물 한 잔 하고 싶어요.

02 A: 제가 여기 앉아도 될까요?
B: 네, 됩니다. 어서 앉으세요.

03 A: 내가 영어 숙제하는 것을 도와줄 수 있어?
B: 응, 할 수 있어.

04 A: 그녀는 몇 살이니?
B: 잘 모르겠어. 일곱 살 아니면 여덟 살일 거야.

05 A: 주문하시겠어요?
B: 네, 햄버거로 할게요.

해설

01 What can I do for you?는 '무엇을 도와드릴까요?'라는 의미로 상대방에게 무엇을 해주면 좋겠는지 물어보는 표현이다.

02 상대방에게 앉아도 되는지 허락을 구하고 있으므로 허락을 나타내는 can, may 둘 다 가능한데, B의 대답에 may가 있으므로 may로 묻는 것이 자연스럽다.

03 상대방에게 가능한지를 묻고 있으므로 가능을 나타내는 can이 온다.

04 다른 사람의 나이를 확신할 수 없을 때는 추측을 하

게 되므로 추측을 나타내는 may가 온다.

05 상대방에게 주문을 하겠는지를 물어보는 표현으로 may, can 둘 다 사용 가능하다.

B

해석

01 그녀는 모든 의자를 옮길 수 있다.

02 그 소년은 Sean의 남동생[형]일지도 모른다.

03 그는 자전거를 매우 잘 탈 수 있다.

04 A: 저를 도와줄 수 있어요? B: 응, 그래.

05 A: 화장실에 가도 돼요? B: 응, 그래.

해설

01 can은 조동사로 주어와 상관없이 형태는 can만 쓴다.

02 조동사 다음에는 동사원형을 쓰므로 may 다음에는 be동사의 원형인 be가 온다.

03 조동사 다음에는 동사원형을 쓰므로 rides에서 -s를 빼야 한다.

04 Can you ~?로 물어볼 때의 대답은 Yes, I can. 또는 No, I can't.이다.

05 허락을 구하는 의문문은 〈May/Can I+동사원형 ~?〉의 형태로 쓴다.

STEP 3 쓰기로 완성

본문 21쪽

A 01 He may not be sick.
02 May I take a seat here?
03 They can play the piano.
04 Can I invite my friends today?
05 Can you speak Chinese?

B 01 Can/May I order
02 Can/May I eat[have]
03 you can/may use

A

해설

01 부정의 추측(아닐지도 모른다)을 나타낼 때는 조동사 may 다음에 not을 쓴다. may not 다음에는 동사원형이 오므로 be를 빠뜨리지 않도록 한다.

02 물어볼 때는 〈조동사+주어+동사원형 ~?〉이다.

03 〈주어+can+동사원형 ~.〉의 순서로 쓴다. '피아노를 치다'는 play the piano이다.

04 물어볼 때는 〈조동사+주어+동사원형 ~?〉이다. 내가 해도 되는지를 묻고 있으므로 주어는 I이다.

05 조동사가 있는 의문문의 어순은 〈조동사+주어+동사원형 ~?〉이다.

B

해석

01 Ben: 감자튀김[프렌치 프라이]과 프라이드 치킨이 먹고 싶다. 둘 다 주문해도 돼?
Paul: 물론이지. 어서 해. 오늘 네 생일이잖아.

02 Ben: 이것을 먹은 후에 아이스크림 먹어도 돼?
Paul: 응, 돼. 오늘이 네 생일이잖아.

03 Paul: 무슨 일이야?
Ben: 엄마에게 전화해야 해. 그런데 전화기를 집에 두고 왔어.
Paul: 그럼 내 전화기를 써.

해설

01 상대방에게 허락을 구할 때는 〈Can/May I+동사원형 ~?〉의 순서로 쓴다.

02 '~해도 돼?'라고 허락을 구하고 있으므로 Can/May I ~?라고 표현한다.

03 상대방에게 해도 된다고 허락할 때는 〈You+can/may+동사원형 ~.〉의 순서로 쓴다.

UNIT 4 must, should, would/could

STEP 1 기초 탄탄

본문 23쪽

A 01 must 02 must not 03 must not
04 must 05 must

B 01 Would/Could 02 have
03 should 04 must
05 Would/Could 06 shouldn't

A

해석

01 쓰레기통에 쓰레기를 버려야 한다.
02 빨간불이야! 그는 길을 건너면 안 된다!
03 그녀는 밤에 스마트폰을 너무 많이 사용하면 안 된다.
04 우리는 수업 시간에 적극적이어야 한다.
05 너의 개의 뒤처리를 잘해야 한다.

해설

01 '~해야 한다'는 뜻이므로 must를 쓴다.
02 빨간불에 길을 건너는 것은 해서는 안 되는 행동이다.
03 해서는 안 되는 행동을 언급하고 있으므로 must not을 쓴다.
04 수업 시간에 꼭 가져야 하는 태도를 말하고 있다.
05 개를 산책시킬 때 지켜야 하는 규칙을 말하고 있다.

B

해설

01 공손하게 부탁을 할 때는 would나 could를 쓴다.
02 '~할 필요가 없다'는 don't have to로 나타낸다.
03 충고를 나타낸다.
04 강한 금지를 나타낸다.
05 공손한 부탁은 would나 could를 사용한다.
06 해서는 안 되는 일에 대해 언급하고 있다.

STEP 2 실력 쑥쑥 본문 24쪽

A 01 must 02 shouldn't
03 must 04 don't have to
05 don't have to 06 shouldn't

B 01 Would you sing
02 doesn't have to worry
03 Could you move 04 must not tell
05 We should help 06 have to cheer

A

해석

01 A: 축구하러 가자! B: 미안, 나 숙제를 우선 끝내야 해.
02 A: 하루 종일 스마트폰 게임을 하고 싶어.
B: 그렇게 하면 안 돼. 그건 건강에 좋지 않아.
03 A: 이거 뭔데? B: 그거 만지지 마. 그냥 놔둬야 해.
04 A: 옛날 친구들이 보고 싶어.
B: 그들을 그리워할 필요는 없어. 지금 당장 전화해.
05 A: 우리는 그를 기다릴 필요가 없어. 그는 이미 떠났어.
B: 정말? 그럼, 가자.
06 A: 나 너에게 거짓말했어. 정말 미안해.
B: 너는 나에게 거짓말하면 안 돼. 알겠어?

해설

01 해야 하는 일을 말하고 있다.
02 해서는 안 되는 일에 대해 말하고 있다.
03 '~해야 한다'는 뜻이므로 must를 쓴다.
04 '~할 필요가 없다'에 해당하는 표현을 찾는다.
05 '~할 필요가 없다'는 don't have to이다.
06 상대방에게 충고를 하고 있다.

B

해설

01 상대방에게 정중하게 부탁하고 있다. 조동사가 있는 의문문의 어순은 〈조동사+주어+동사원형 ~?〉이다.
02 '~할 필요가 없다'는 표현은 don't have to인데, 주어가 She로 3인칭 단수이므로 doesn't를 쓴다.
03 상대방에게 정중하게 부탁하고 있다.
04 상대방에게 엄중하게 경고하고 있다.
05 조동사가 있는 문장의 어순은 〈주어+조동사+동사원형 ~.〉이다.
06 조동사가 있는 문장의 어순은 〈주어+조동사+동사원형 ~.〉이다.

STEP 3 쓰기로 완성 본문 25쪽

A 01 We have to wait for the traffic signal.
02 They should not eat too many sweets.
03 Would you open the window?
04 You don't have to exercise every day.
05 She should eat more vegetables.

B 01 have to 02 should
03 don't have to 04 Would you

A

해설

01~03 조동사가 있는 문장의 어순은 평서문일 때는 〈주어+조동사+동사원형 ~.〉이고 의문문일 때는 〈조동사+주어+동사원형 ~?〉이다.

04 '~할 필요가 없다'는 don't have to를 쓴다.

05 상대방에게 충고나 제안을 할 때는 should를 쓴다.

B

해석

Max: 제가 열이 나고 기침을 멈출 수가 없어요.
김 선생님: 알겠다. 너는 약을 좀 먹어야 하겠구나. 여기 있다.
Max: 제가 또 뭘 해야 할까요?
김 선생님: 여기서 좀 쉬어야 해.
Max: 하지만 전 지금 수업이 있어요.
김 선생님: 수업 안 들어도 돼. 내가 너의 선생님께 말할게.
Max: 고맙습니다, 김 선생님. 물 좀 주시겠습니까?
김 선생님: 물론. 여기 있다.

해설

01 상대방에게 해야 할 의무에 해당하는 내용을 말하고 있다.

02 제안을 나타낼 때는 should를 사용한다.

03 '~할 필요가 없다'는 don't have to이다.

04 정중하게 부탁할 때는 would를 사용한다.

Check! 체크! Chapter Ⅱ

본문 26쪽

A	01 can	02 may	03 must
	04 can	05 must	
B	06 Would	07 Should	08 can't
	09 Can	10 have to	
C	11 You shouldn't run on the stairs.		
	12 You may leave school early.		
	13 Could you lend me your pen?		
	14 We don't have to get up early on weekends.		
	15 They must follow safety rules.		

A

01 해설 가능을 나타낼 때는 can을 쓴다.
어휘 • eagle 독수리

02 그는 결석이다. 그는 아픈지도 모른다.
해설 추측을 나타낼 때는 may를 쓴다.
어휘 • absent 결석한

03 해설 의무를 나타낼 때는 must를 쓴다.
중요 표현 ▪ keep one's word: 약속을 지키다

04 해설 가능이나 허락을 나타낼 때는 can을 쓴다.

05 이 회의는 중요하다. Ted는 정각에 와야 한다.
해설 의무를 나타낼 때는 must를 쓴다.
중요 표현 ▪ on time: 정각에
어휘 • meeting 회의
• important 중요한

B

06 A: 부탁 하나 들어줄래요? B: 물론이죠. 뭔데요?
해설 상대방에게 정중하게 요청할 때는 would나 could를 쓴다.
어휘 • favor 호의, 부탁

07 A: 나 그녀에게 미안하다고 말해야 해. 내가 먼저 그녀에게 전화해야 할까?
B: 응, 나는 네가 그래야 한다고 생각해.
해설 제안이나 약한 의무를 나타낼 때는 should를 쓴다.
어휘 • call 전화하다

08 A: 너는 10개의 캐릭터를 한 시간 안에 그릴 수 있어?
B: 아니, 그렇게 못해.
해설 가능한지 물어볼 때 부정의 대답은 can't 또는 cannot을 쓴다.
어휘 • draw 그리다

09 A: 여기 안이 너무 더워요. 창문을 열어도 될까요?
B: 물론이죠. 어서 하세요.
해설 허락을 요청할 때는 can이나 may를 쓴다.
중요 표현 ▪ Go ahead.: 어서 하세요.

10 A: 제가 먼저 시작해야 하나요?
B: 아니요, 그럴 필요 없어요.
해설 have to는 '~해야 한다', don't have to는 '~할 필요가 없다'의 의미이다.

어휘 • first 먼저, 첫 번째(로)

C

11 해설 조동사 should가 있는 문장의 부정은 〈주어+shouldn't[should not]+동사원형 ~.〉으로 쓴다.

어휘 • stair 계단

12 해설 조동사 may가 있는 문장은 〈주어+may+동사원형 ~.〉으로 쓴다.

중요 표현 ■ leave school early: 조퇴하다

13 해설 상대방에게 정중하게 부탁할 때는 〈Could+주어+동사원형 ~?〉으로 쓴다. 〈lend+사람+물건〉은 '~에게 …을 빌려주다'의 의미이다.

어휘 • lend 빌려주다(↔ borrow 빌리다)

14 해설 '~할 필요가 없다'는 〈don't have to+동사원형〉이다.

중요 표현 ■ get up: 일어나다
■ on weekends: 주말에

15 해설 조동사 must 다음에는 동사원형을 쓴다.

어휘 • safety 안전(safe(안전한)의 명사형)
• rule 규칙

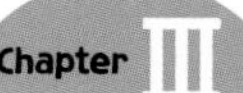

시제

UNIT 5 현재진행형

STEP 1 기초 탄탄

본문 29쪽

A
01 now 02 routine
03 routine 04 now
05 routine 06 now

B
01 skiing 02 swimming
03 playing 04 making
05 brushing 06 singing
07 tying 08 living
09 beginning 10 washing
11 entering 12 lying

A

해석

01 Paul과 Kim은 서로 이야기를 나누고 있다.
02 그녀는 점심시간에 친구들과 이야기한다.
03 그녀는 매일 아침 오렌지 주스를 마신다.
04 그들은 탄산음료를 마시고 있다.
05 아빠는 나에게 하루에 세 개의 메시지를 보낸다.
06 우리는 문자 메시지를 보내고 있다.

해설

동사가 현재진행형(be동사의 현재형+동사의 -ing형)이면 지금 상황이고, 동사가 현재시제면 일과에 해당한다.

01 동사가 are talking으로 현재진행형이다.
02 동사가 talks로 현재시제이다.
03 동사가 drinks로 현재시제이다.
04 동사가 are drinking으로 현재진행형이다.
05 동사가 sends로 현재시제이다.
06 동사가 are sending으로 현재진행형이다.

B

해설

동사의 현재분사형을 만들 때 규칙은 다음과 같다.

- 대부분의 동사: 동사원형+ing
- -e로 끝나는 동사: e를 빼고+ing
- -ie로 끝나는 동사: ie를 y로 고치고+ing
- 〈단모음+단자음〉으로 끝나는 동사: 마지막 자음을 한 번 더 쓰고+ing

STEP 2 실력 쑥쑥

본문 30쪽

A 01 are drawing 02 are playing
03 is selling 04 is giving
05 is running 06 is pointing

B 01 is riding
02 aren't reading, are cleaning
03 is lying 04 Is, cutting

A

해석

01 그들은 그림을 그리고 있다.
02 우리는 컴퓨터 게임을 하고 있다.
03 Edward 씨는 핫도그를 팔고 있다.
04 Sue는 엄마에게 꽃 한 송이를 드리고 있다.
05 Nate는 빨리 달리고 있다.
06 박 선생님은 나를 가리키고 있다.

해설

01 They가 복수이므로 be동사는 are이다.
02 We가 복수이므로 be동사는 are이다.
03 주어가 단수이므로 be동사는 is이다.
04 주어가 단수이므로 be동사는 is이고 give의 e를 생략하고 -ing를 붙인다.
05 주어가 단수이므로 be동사는 is이고 run의 n을 한 번 더 쓰고 -ing를 붙인다.
06 주어가 단수이므로 be동사는 is이다.

B

해석

01 Q: 그녀는 무엇을 하고 있니?
A: 그녀는 자전거를 타고 있어.
02 Q: 그들은 책을 읽고 있니?
A: 아니, 그들은 책을 읽고 있지 않아. 그들은 유리창 청소를 하고 있어.
03 Q: 그는 무엇을 하고 있니? A: 그는 소파에 누워 있어.
04 Q: Tom은 종이를 자르고 있니? A: 응, 그래.

해설

01 주어가 단수이므로 be동사는 is이다. ride는 -e로 끝나는 단어이므로 e를 없애고 -ing를 붙인다.
02 진행형의 부정은 be동사 다음에 not을 쓰고, are not은 aren't로 줄여 쓸 수 있다.
03 주어가 단수이므로 be동사는 is이다. -ie로 끝나는 단어이므로 ie를 y로 바꾸고 -ing를 붙인다.
04 진행형의 의문문은 〈Be동사+주어+동사의 -ing형 ~?〉이다.

STEP 3 쓰기로 완성

본문 31쪽

A 01 Ali and Rose are doing their homework.
02 Mom is looking for money in her purse.
03 Are you writing an email to your teacher?
04 My parents are not working from home.
05 Are you going to a store?

B 01 are sitting in the classroom
02 is eating a banana
03 is listening to music
04 are standing 05 is drinking milk
06 is writing on the board

A

해설

01~03 현재진행형이 쓰인 문장의 어순은 평서문일 때는 〈주어+be동사의 현재형+동사의 -ing형 ~.〉이고, 의문문일 때는 〈Be동사(Am, Is, Are)+주어+동사의 -ing형 ~?〉이다.
04 현재진행형이 있는 문장의 부정문은 〈주어+be동사의 현재형+not+동사의 -ing형 ~.〉이다.

05 현재진행형이 있는 문장의 의문문은 〈Be동사(Am, Is, Are)+주어+동사의 -ing형 ~?〉으로 쓴다.

B

해석

교실에 네 명의 학생들이 있다. Carlos와 Sue는 교실에 앉아 있다. Carlos는 바나나를 먹고 있다. Sue는 음악을 듣고 있다. Linn과 David은 서 있다. Linn은 우유를 마시고 있다. David은 칠판에 글을 쓰고 있다.

해설

01 주어가 두 명으로 복수이므로 be동사는 are이다. sit은 마지막 자음인 t를 한 번 더 써 주고 -ing를 붙여야 한다.

02 주어가 단수이므로 be동사는 is이다.

03 주어가 단수이므로 be동사는 is이다.

04 주어가 두 명이므로 be동사는 are이다.

05 주어가 단수이므로 be동사는 is이다.

06 주어가 단수이므로 be동사는 is이다. write는 -e로 끝나는 단어이므로 e를 없애고 -ing를 붙인다.

UNIT 6 미래시제

STEP 1 기초 탄탄

본문 33쪽

A 01 am going to 02 isn't going to
03 are going to 04 aren't going to
05 is going to

B 01 will 02 won't 03 Will 04 Are
05 isn't 06 am

A

해석

01 나는 축구선수가 될 것이다.

02 Sam은 오늘 컴퓨터 게임을 하지 않을 것이다.

03 그들은 다음 달에 소풍을 갈 것이다.

04 우리는 이번 주말에 놀이동산에 가지 않을 것이다.

05 그는 오늘 오후에 그의 사촌과 함께 집에 있을 것이다.

해설

01 주어가 I이므로 be동사는 am이다.

02 주어가 3인칭 단수이므로 be동사는 is이다. 하지 않을 것이므로 not이 있어야 한다.

03 주어가 복수이므로 be동사는 are이다.

04 주어가 복수이므로 be동사는 are이다. 하지 않을 것이므로 not이 있어야 한다.

05 주어가 3인칭 단수이므로 be동사는 is이다.

B

해석

01 A: 내일은 날씨가 좋을까?
B: 응, 그럴 거야. 일기예보를 들었어.

02 A: 금요일에 그들이 학교에 올까?
B: 아니, 그렇지 않을 거야. 그들은 집에 있을 거야.

03 A: 설거지 할 거니?
B: 응, 할 거야. 너는 요리를 하고 나는 설거지를 할게.

04 A: 그들은 수업 시간에 조용할까? B: 그래, 그럴 거야.

05 A: 그녀는 비디오 크리에이터 동아리에 가입할까?
B: 아니, 그렇지 않을 거야. 그녀는 프로그래밍 동아리에 가입하고 싶어 해.

06 A: 저녁을 일찍 먹을 건가요?
B: 네, 그럴 거예요. 저녁 식사는 오후 5시쯤에 준비될 거예요.

해설

01 질문에 답할 때는 묻는 질문에 사용된 조동사를 사용한다. will로 물어 보았으므로 will로 대답한다.

02 will로 물어 보았으므로 will로 대답해야 하는데 No라고 했으므로 not이 있어야 한다.

03 대답에 will이 있는 것으로 보아 will로 질문했음을 알 수 있다.

04 대답에 are가 있는 것으로 보아 are로 질문했음을 알 수 있다.

05 is로 물어 보았으므로 is로 대답해야 하는데 No라고 했으므로 not이 있어야 한다.

06 Are you ~?에 대한 대답은 I am이어야 한다.

본문 34쪽

A 01 will 02 won't 03 will 04 won't
05 will, won't 06 will, won't

B 01 will rain 02 are going to set
03 is going to visit 04 will arrive
05 I'm not going to watch
06 won't throw

A

해석

01 그는 여기에 6시에 있을 것이다. 너는 그를 만날 수 있다.
02 미안한데, 네 생일파티에 가지 않을 거야.
03 이번 주 금요일이 우리 아빠 생신이야. 그는 40살이 되실 거야.
04 방과 후에 나에게 전화하지 마. 6시까지 너의 전화를 받지 않을 거야.
05 응, 내일은 건조하겠지만 많이 덥지는 않을 거야.
06 내일은 날씨가 더 좋아질 거야. 더 이상 나쁘지 않을 거야.

해설

01 그가 있을 것임을 말하고 있으므로 미래 조동사 will을 쓴다.
02 부정의 미래를 나타낼 때는 will not인데 줄여 쓰면 won't이다.
03 앞으로 40세가 될 것이므로 미래 조동사 will을 쓴다.
04 전화를 받지 않을 것이라고 했으므로 will not인데 줄여 쓰면 won't이다.
05 미래를 나타낼 때는 조동사 will을 쓰는데, 부정의 미래를 나타낼 때는 won't를 쓴다.
06 날씨가 좋아질 전망이므로 will, 나쁘지 않을 것이라는 의미로 won't를 쓴다.

B

해설

01 미래를 나타낼 때는 〈will+동사원형〉을 쓴다.
02 미래를 나타낼 때는 〈be going to+동사원형〉을 쓰는데 주어가 두 명으로 복수이므로 be동사는 are를 쓴다.
03 앞으로 할 일을 나타낼 때는 〈be going to+동사원형〉을 쓰는데 주어가 3인칭 단수이므로 be동사는 is를 쓴다.
04 미래를 나타낼 때는 〈will+동사원형〉을 쓴다.
05 미래를 나타낼 때는 〈be going to+동사원형〉을 쓰는데 주어가 I이므로 be동사는 am을 쓴다. be going to의 부정은 〈be동사+not+going to+동사원형〉으로 쓰는데, 여기서는 주어인 I와 am을 축약하여 〈I'm not going to+동사원형〉으로 쓴다.
06 부정의 미래를 나타낼 때는 〈won't+동사원형〉을 쓴다.

본문 35쪽

A 01 Jack will be a professional gamer in the future.
02 Meg's mother is going to wake her up at seven.
03 Are you going to stay up all night?
04 They won't say bad words to their friends.
05 I won't make the same mistake again.

B 01 have a soccer lesson
02 go swimming
03 is going to water the plants
04 he is going to read books
05 he is going to watch a movie
06 he is going to sleep

A

해설

01 미래를 나타낼 때는 〈주어+will+동사원형 ~.〉으로 쓴다.
02 미래를 나타낼 때는 〈주어+be going to+동사원형 ~.〉을 쓰는데 주어가 3인칭 단수이므로 be동사는 is를 쓴다.
03 미래에 대해 질문할 때는 〈Be동사+주어+going

to + 동사원형 ~?〉을 쓰는데 주어가 you이므로 be동사는 are를 쓴다.

04 미래를 나타낼 때는 〈주어 + will + 동사원형 ~.〉으로 쓰는데 부정이므로 will 다음에 not을 쓴다. will not의 줄임말은 won't이다.

05 '~하지 않을 것이다'는 〈주어 + will + not + 동사원형 ~.〉인데, will not은 won't로 줄여 쓴다.

B

해석

01 월요일에 그는 축구 수업을 할 것이다.

02 화요일에 그는 Paul과 함께 수영하러 갈 것이다.

03 수요일에 그는 정원에 있는 식물들에게 물을 줄 것이다.

04 목요일에 그는 도서관에서 책을 읽을 것이다.

05 금요일에 그는 가족들과 함께 영화를 볼 것이다.

06 토요일에 그는 오후 1시까지 잠을 잘 것이다.

해설

미래를 나타낼 때는 〈주어 + be going to + 동사원형 ~.〉을 쓰는데 주어가 3인칭 단수이므로 be동사는 is를 쓴다.

본문 36쪽

A 01 doing 02 won't 03 are 04 go 05 will

B 06 playing 07 do 08 go 09 listening 10 making

C 11 Will Jina help her parents?
12 Pete and Riana are going to be late.
13 I am drinking some hot tea now.
14 My cousins are skiing now.
15 We will[are going to] send gifts.

A

01 어이, 너 거기에서 뭐 하고 있니?

해설 현재 진행 중인 일을 나타낼 때는 〈be동사의 현재형 + 동사의 -ing형〉을 쓴다.

02 오늘 오후에는 눈이 오지 않을 것이다.

해설 this afternoon이 미래를 나타내므로 동사는 미래시제를 쓴다.

03 Jack과 Kelly는 새로운 매장(가게)을 열 것이다.

해설 주어가 두 명이므로 be동사는 are를 쓴다.

어휘 • shop 매장, 가게

04 우리는 일주일에 5일을 학교에 간다.

해설 반복적인 일상을 나타낼 때는 현재시제를 쓴다.

중요 표현 ■ ~ days a week: 일주일에 ~일

05 나는 방금 그들에게 문자를 보냈다. 그들이 언제 답할까?

해설 앞으로 있을 일을 말하고 있으므로 미래의 조동사 will을 쓴다.

어휘 • sent 보냈다(send의 과거형)
• message 메시지, 문자
• answer 답하다

B

06 Tom은 지금 기타를 치고 있지 않다.

해설 악기를 연주하는 것은 play라는 동사를 쓰고, be동사와 함께 쓰이려면 분사형이 와야 하므로 현재분사인 playing이 와야 한다.

07 그 동아리 회원들은 그 프로젝트를 끝내기 위해 최선을 다할 것이다.

해설 조동사 다음에는 동사원형을 쓴다.

중요 표현 ■ do one's best: 최선을 다하다

08 그 호랑이는 매우 배가 고프다. 그는 먹이 사냥을 나갈 것이다.

해설 be going to 다음에는 동사원형을 쓴다.

중요 표현 ■ go -ing: ~하러 가다

09 너는 음악을 듣고 있니?

해설 진행형이 있는 문장은 〈Be동사 + 주어 + 동사의 -ing형 ~?〉으로 쓴다. listen to는 '~을 듣다'의 의미이다.

10 그녀는 반 친구들과 빵을 만들고 있다.

해설 현재 진행 중인 일을 나타낼 때는 〈be동사의 현재형 + 동사의 -ing형〉을 쓴다. make bread는 '빵을 만들다'의 의미이다.

어휘 • bread 빵
• classmate 반 친구

C

11 지나는 그녀의 부모님을 도울까?
해설 조동사 다음에는 동사원형이 와야 한다.

12 Pete와 Riana는 늦을 것이다.
해설 주어가 두 명이므로 be동사는 are를 써야 한다.

13 나는 지금 뜨거운 차를 마시고 있다.
해설 지금 하고 있는 동작을 나타낼 때는 현재진행형을 쓴다.

14 나의 사촌들은 지금 스키를 타고 있다.
해설 ski에 -ing를 붙여야 하므로 철자는 skiing이다.

15 우리는 선물을 보낼 것이다.
해설 미래를 나타낼 때는 will과 be going to 중 하나만 사용하여 표현한다.
어휘 • send 보내다

형용사와 부사

UNIT 7 비교 표현

기초 탄탄

본문 39쪽

A
01 hotter　02 higher
03 cheaper　04 more slowly
05 heavier　06 more

B
01 often → more often 또는 oftener
02 expensiver → more expensive
03 more bad → worse
04 more older → older
05 latter → later　06 prettyer → prettier

A

해석

01 너의 차가 내 것보다 더 뜨겁다.
02 아이언맨은 독수리보다 더 높이 난다.
03 패스트푸드는 샐러드보다 값이 더 싸다.
04 기린은 얼룩말보다 더 느리게 걷는다.
05 그의 형은 그보다 더 무겁다.
06 우리 누나는 나보다 항상 더 많이 먹는다.

해설

01 〈단모음+단자음〉으로 끝나는 형용사는 마지막 자음을 한 번 더 쓰고 -er을 붙인다.
02 high의 비교급은 high에 -er을 붙인다.
03 cheap의 비교급은 -er을 붙여 cheaper로 쓴다.
04 -ly로 끝나는 부사는 more를 앞에 써서 비교급을 만든다.
05 〈자음+y〉로 끝나는 형용사는 y를 i로 바꾸고 -er을 붙인다.
06 much의 비교급은 more이다.

B

해석

01 나는 전보다 더 자주 밖에 나가고 싶다.

02 이 핫도그는 저 버거보다 더 비싸다.
03 너의 행동이 너의 말보다 더 나쁘다.
04 Sam은 나보다 나이가 더 많다.
05 오늘 파티는 어제 것보다 더 늦게 시작할 것이다.
06 이 장미가 저것보다 더 예쁘다.

해설

01 often은 대개의 경우 more를 앞에 써서 비교급을 만들고, oftener로 쓰기도 한다.
02 3음절 이상의 긴 단어는 more를 앞에 써서 비교급을 만든다.
03 bad의 비교급은 worse이다.
04 old의 비교급은 old에 -er을 붙인다.
05 late의 비교급은 두 개가 있다. latter는 순서상으로 더 나중이라는 의미이고 later는 시간상으로 더 나중이라는 의미이다.
06 〈자음+y〉로 끝나는 형용사는 y를 i로 바꾸고 -er을 붙인다.

05 long의 비교급은 long에 -er을 붙인다.

B

해석

01 Steve가 Jane보다 더 배가 고프다.
02 Paul의 신발이 Jay의 신발보다 더 크다.
03 Mary가 Mike보다 더 행복하다.
04 나는 형보다 더 어리다.
05 Peter가 Chris보다 더 친절하다.

해설

01 비교를 나타내는 문장은 〈주어+동사+비교급+than ~.〉으로 나타낸다.
02 신발이 복수이므로 be동사는 are를 쓴다.
03 happy처럼 〈자음+y〉로 끝나는 형용사는 y를 i로 바꾸고 -er을 붙인다.
04 young의 비교급은 young에 -er을 붙인다.
05 nice처럼 -e로 끝나는 형용사는 -r을 붙여 비교급을 만든다.

STEP 2 실력 쑥쑥

본문 40쪽

A 01 better 02 younger
03 easier 04 more wonderful
05 longer

B 01 Steve is hungrier than Jane.
02 Paul's shoes are bigger than Jay's (shoes).
03 Mary is happier than Mike.
04 I am younger than my brother.
05 Peter is nicer than Chris.

A

해설

01 good의 비교급은 better이다.
02 young의 비교급은 young에 -er을 붙인다.
03 〈자음+y〉로 끝나는 형용사는 y를 i로 바꾸고 -er을 붙인다.
04 3음절 이상의 긴 단어는 more를 앞에 써서 비교급을 만든다.

STEP 3 쓰기로 완성

본문 41쪽

A 01 is drier today than yesterday
02 is cuter than a toy[teddy] bear
03 plays basketball better than baseball
04 drank less orange juice than I[me]
05 climbed higher than his parents

B 01 shorter than
02 stronger than you
03 are younger than I[me]
04 faster than you

A

해설

01 비교를 나타내는 문장은 〈주어+동사+비교급+than ~.〉으로 나타낸다. 〈자음+y〉로 끝나는 형용사는 y를 i로 바꾸고 -er을 붙인다.
02 cute처럼 -e로 끝나는 형용사는 -r을 붙여 비교급을 만든다.
03 well의 비교급은 better이다.

04 문장의 시제가 과거이므로 동사는 drank, little의 비교급은 less이다.

05 문장의 시제가 과거이므로 동사는 climbed, high는 부사로 비교급은 -er을 붙인다.

B

해석

Clara: 난 너보다 키가 더 커.

Nick: 아니, 넌 그렇지 않아. 너는 나보다 키가 약간 작아.

Clara: 글쎄, 난 너보다 더 힘이 세.

Nick: 아니, 넌 그렇지 않아. 내가 너보다 더 힘이 세. 나는 이 상자를 들어 올릴 수 있어.

Clara: 그럼, 난 너보다 나이가 더 많아.

Nick: 아니, 넌 그렇지 않아. 넌 나보다 더 어려. 나는 너보다 1년 먼저 태어났어.

Clara: 음, 적어도 난 너보다 더 빨라. 나는 100미터를 16초에 달릴 수 있어.

해설

01 비교를 나타내는 문장은 〈주어+동사+비교급+than ~.〉으로 나타낸다. 따라서 〈비교급+than〉을 써야 한다.

02 strong의 비교급은 strong에 -er을 붙인다.

03 비교를 나타내는 문장은 〈주어+동사(be동사/일반동사)+비교급+than+대명사의 주격[목적격]〉의 형태로 쓴다. 주어가 You이므로 동사는 are이다.

04 비교를 나타내는 문장은 〈주어+동사+비교급+than ~.〉으로 나타낸다. fast의 비교급은 -er을 붙인 faster이다.

UNIT 8 수량 형용사와 빈도부사

STEP 1 기초 탄탄

본문 43쪽

A 01 many 02 much 03 many 04 much 05 a little

B 01 ③ 02 ① 03 ② 04 ① 05 ② 06 ②

A

해석

01 동물원에 많은 동물들이 있다.

02 치즈를 너무 많이 먹지 마라. 그것은 정말 짜다.

03 그녀는 케이크를 여러 조각 살 수 없었다.

04 난 얼마나 많은 모래가 필요하지?

05 네가 뜨거운 수프를 약간 먹으면 기분이 좋아질 거야.

해설

01 many는 셀 수 있는 명사와 함께 쓰여 '많은'의 의미를 나타낸다.

02 much는 셀 수 없는 명사와 함께 쓰여 '많은'의 의미를 나타낸다.

03 many는 셀 수 있는 명사와 함께 쓰여 '많은'의 의미를 나타낸다.

04 much는 셀 수 없는 명사와 함께 쓰여 '많은'의 의미를 나타낸다.

05 a little은 셀 수 없는 명사와 함께 쓰여 '적은'의 의미를 나타낸다.

B

해석

01 넌 주말에 보통 뭘 하니?

02 Peter는 그의 남동생[형]에게 절대 화를 내지 않는다.

03 그들은 저녁때 항상 TV를 볼 수 있는 것은 아니다.

04 그의 아버지는 가끔씩 맛있는 요리를 해주려고 노력하신다.

05 수진이는 음악 듣는 것에 항상 관심이 있다.

06 너는 아침에 자주 이를 닦니?

해설

01 빈도부사 usually는 주어 you와 본동사 do 사이에 온다. 본동사란 조동사와 동사가 한 문장에 있을 때 이 둘을 구별하고자 부르는 말로 be동사와 일반동사를 말한다.

02 never는 '절대 ~ 아닌'의 의미로 일반동사 gets 앞에 온다.

03 '항상'을 의미하는 always는 조동사 can't 뒤에 온다.

04 빈도부사 sometimes는 일반동사 tries 앞에 온다.

05 빈도부사 always는 be동사 is 뒤에 온다.

06 '가끔'을 의미하는 often은 Do you와 본동사 brush 사이에 온다.

STEP 2 실력 쑥쑥

본문 44쪽

A 01 much 02 many
03 many 04 much
05 many 06 many

B 01 is sometimes 02 will always study
03 often sends 04 never want
05 rarely goes 06 usually has

A

해석

01 내려받을 만한 정보가 많지 않아.
02 나는 친구가 많지는 않아.
03 이 요리에는 야채가 많아.
04 너 지금 돈 얼마 있니?
05 공원에 사람들이 많아?
06 얼음 조각이 몇 개 있니?

해설

01 information은 셀 수 없는 명사로 much와 함께 쓰인다.
02 friends는 셀 수 있는 명사로 many와 함께 쓰인다.
03 vegetables는 셀 수 있는 명사로 many와 함께 쓰인다.
04 money는 셀 수 없는 명사로 much와 함께 쓰인다.
05 people은 셀 수 있는 명사로 many와 함께 쓰인다.
06 ice cubes는 셀 수 있는 명사로 many와 함께 쓰인다.

B

해석

01 지나는 가끔씩 수업에 늦는다.
02 그 학생들은 항상 영어 공부를 열심히 할 것이다.
03 그녀는 자주 나에게 웃긴 문자를 보낸다.
04 나는 결코 단것을 먹고 싶지 않다.
05 Ben은 책 읽으러 도서관에 거의 가지 않는다.
06 우리 가족은 보통 7시경에 저녁을 먹는다.

해설

01 빈도부사는 be동사 is 뒤에 온다.
02 빈도부사는 조동사 뒤에 온다.
03 빈도부사는 일반동사 앞에 온다.
04 빈도부사는 일반동사 앞에 온다.
05 빈도부사는 일반동사 앞에 온다.
06 빈도부사는 일반동사 앞에 온다.

STEP 3 쓰기로 완성

본문 45쪽

A 01 much milk 02 a few birds
03 a lot of actors 04 often goes
05 sometimes walk

B 01 I often go
02 bought a lot of things
03 is lots of bread
04 are a few bananas
05 isn't much milk
06 aren't many fish

A

해설

01 milk는 셀 수 없는 명사로 much와 함께 쓰이며 〈수량 형용사+명사〉의 순서로 쓴다.
02 birds는 셀 수 있는 명사로 a few와 함께 쓰인다.
03 actors는 셀 수 있는 명사로 many, a lot of, lots of와 함께 쓰인다.
04 빈도부사는 일반동사 goes 앞에 온다.
05 빈도부사는 조동사 will 뒤에 온다.

B

해석

나는 엄마와 시장에 자주 간다. 나는 오늘 오후에 그녀와 함께 그곳에 갔다. 우리는 많은 것들을 샀다. 우리는 그것들을 테이블 위에 놓았다. 빵과 물이 많이 있다. 바나나는 몇 개 있다. 우유는 많이 없다. 생선도 많이 없다.

해설

01 빈도부사는 일반동사 go 앞에 온다.
02 things는 셀 수 있는 명사로 a lot of 다음에 쓴다.
03 bread는 셀 수 없는 명사로 lots of 다음에 쓴다.
04 banana는 셀 수 있는 명사인데 개수가 많지 않으므

로 a few와 함께 쓰인다. 순서는 〈수량 형용사+명사〉이다.

05 milk는 셀 수 없는 명사인데 개수가 많지 않으므로 a little의 의미인 not much와 함께 쓰이고, 순서는 〈수량 형용사+명사〉이다.

06 fish는 셀 수 있는 명사인데 개수가 많지 않으므로 a few의 의미인 not many와 함께 쓰인다.

Chapter IV

본문 46쪽

A 01 heavy 02 better 03 more 04 a lot of 05 a little

B 06 more 07 often 08 worse 09 much 10 few

C 11 You always look happy.
12 I will sometimes call you. / Sometimes, I will call you. / I will call you sometimes.
13 My father rarely gets angry.
14 They are never late for school.
15 We don't usually watch TV at home.

A

01 너의 가방은 정말로 무겁다.
해설 비교하지 않고 주어의 상태를 그냥 설명할 때는 형용사의 원형을 쓴다.

02 종이봉지는 비닐봉지보다 더 좋다.
해설 good의 비교급은 better이다.
어휘 • plastic bag 비닐봉지

03 나는 우리 엄마보다 더 많이 먹는다.
해설 than 앞에는 비교급이 와야 하므로 much의 비교급인 more를 쓴다.

04 정원에 벤치가 많이 있다.
해설 벤치는 셀 수 있는 명사이므로 a lot of와 함께 쓰인다.

05 우리는 점심 먹기 전에 조금의 시간밖에 없다.
해설 시간은 셀 수 없는 명사이므로 a little과 함께 쓰인다.

B

06 이 장난감 기차는 저것보다 더 느리게 간다.
해설 -ly로 끝나는 형용사나 부사의 비교급은 more를 앞에 써 준다.

07 Teddy의 강아지는 그에게 자주 웃어 준다.
해설 일반동사 앞에 올 수 있는 것은 빈도부사이다.
중요 표현 ▪ smile at: ~에게 웃어 주다

08 그녀의 건강은 전보다 더 나쁘다.
해설 than 앞에는 비교급이 와야 하는데 bad의 비교급은 worse이다.
어휘 • health 건강

09 우리는 얼마나 많은 정보가 필요할까?
해설 information은 셀 수 없는 명사이므로 many와 함께 쓰일 수 없다. how much는 '얼마나 많은 (양의) ~'이라는 뜻이다.

10 쿠키 몇 개만이 접시 위에 있다.
해설 쿠키(cookie)는 셀 수 있으므로 a few, many 등과 함께 쓰인다.
어휘 • plate 접시

C

11 너는 항상 행복해 보인다.
해설 always는 빈도부사로 일반동사 앞에 온다.

12 내가 가끔씩 너에게 전화할게.
해설 빈도부사는 조동사 뒤에 오는 것이 원칙이나, sometimes는 예외적으로 조동사 뒤, 문장의 앞이나 뒤에 다 쓸 수 있다.

13 우리 아빠는 거의 화를 내지 않으신다.
해설 rarely는 빈도부사로 일반동사 앞에 온다.
어휘 • rarely 거의 ~ 않는

14 그들은 절대 학교에 지각하지 않는다.
해설 never는 빈도부사로 be동사 뒤에 온다.
중요 표현 ▪ be late for: ~에 늦다

15 우리는 보통 집에서는 TV를 보지 않는다.
해설 usually는 빈도부사로 일반동사의 부정문에서는 don't/doesn't 다음에 온다.

문장의 종류

UNIT 9 명령문, 감탄문, 청유문

STEP 1 기초 탄탄

본문 49쪽

A 01 Wash, (c) 02 Don't, (a) 03 he is, (e) 04 How, (d) 05 go, (b)

B 01 ② 02 ① 03 ① 04 ③ 05 ①

A

해석

01 너의 손을 씻어라.
02 사진을 찍지 마라.
03 그는 정말 멋진 선생님이구나!
04 그건 정말 맛있구나!
05 캠핑 가자.

해설

01 명령문은 동사의 원형으로 시작한다.
02 부정명령문은 명령문 앞에 Don't를 붙인다.
03 What으로 시작하는 감탄문은 〈주어(he)+동사(is)〉의 어순으로 끝난다.
04 〈형용사(delicious)+주어(it)+동사(is)〉의 어순으로 보아 How로 시작하는 감탄문임을 알 수 있다.
05 Let's 다음에는 동사의 원형을 쓴다.

B

해석

01 정말 멋진 모자구나!
02 창문을 닫아 주세요.
03 네 돈을 낭비하지 마라.
04 그의 방은 정말 깨끗하구나!
05 우리 함께 피자를 먹자.

해설

01 What으로 시작하는 감탄문에서 형용사(nice)는 a와 명사(hat) 사이에 위치한다. 〈What+(a/an)+형용사+명사(+주어+동사)!〉의 어순으로 쓴다.
02 명령문에서 동사(Close)는 원형의 형태로 문장의 제일 앞에 위치한다.
03 부정명령문에서 Don't는 문장의 제일 처음에 위치한다.
04 How로 시작하는 감탄문에서 동사(is)는 주어(his room) 다음에 위치한다. 〈How+형용사/부사(+주어+동사)!〉의 어순이 되어야 한다.
05 청유문은 〈Let's+동사의 원형 ~.〉으로 표현한다.

STEP 2 실력 쑥쑥

본문 50쪽

A 01 a beautiful beach
02 Get up early
03 big the elephant
04 Let's take a 05 Don't lie to

B 01 Don't worry about it.
02 What a tall tower it is!
03 Let's go to school.
04 Be kind to others.
05 How fast the giraffe runs!

A

해설

01 What으로 시작하는 감탄문은 〈What+(a/an)+형용사+명사(+주어+동사)!〉의 어순을 따른다.
02 명령문은 동사의 원형으로 시작한다.
03 How로 시작하는 감탄문은 〈How+형용사/부사(+주어+동사)!〉의 어순을 따른다.
04 청유문은 〈Let's+동사의 원형 ~.〉의 어순으로 표현한다.
05 부정명령문은 〈Don't+동사의 원형 ~.〉의 어순으로 표현한다.

B

해석

01 그것에 대해 걱정하지 마라.
02 그건 정말 높은 탑이구나!
03 학교에 가자.
04 다른 사람들에게 친절하게 대해라.
05 그 기린은 정말 빨리 달리는구나!

해설

01 부정명령문은 Don't로 시작하므로, Doesn't를 Don't로 고쳐야 한다.
02 What으로 시작하는 감탄문은 〈What+(a/an)+형용사+명사(+주어+동사)!〉의 어순을 따르기 때문에 tall(형용사)과 a, is(동사)와 it(주어)의 위치를 바꿔야 한다.
03 청유문에서 Let's 다음에 동사의 원형을 사용해야 하기 때문에 going이 아닌 go를 써야 한다.
04 명령문은 동사의 원형으로 시작하므로, Is의 원형인 Be를 사용해야 한다.
05 How로 시작하는 감탄문은 〈How+형용사/부사(+주어+동사)!〉의 어순을 따르기 때문에 runs(동사)와 the giraffe(주어)의 순서를 바꿔야 한다.

STEP 3 쓰기로 완성

본문 51쪽

A
01 What a wonderful world (it is)!
02 Don't be late for school.
03 Let's go to the library.
04 Take off your shoes.
05 How fast the cheetah runs!

B

01 great	02 how	03 is
04 Let's	05 Wait	06 Look at
07 Don't	08 touch	09 not

A

해설

01 What으로 시작하는 감탄문은 〈What+(a/an)+형용사+명사(+주어+동사)!〉의 어순으로 표현한다.
02 late는 형용사이기 때문에 앞에 be동사가 필요한데 '~하지 마라'는 뜻의 부정명령문으로 표현하기 위해 be동사의 원형인 be를 사용하여 Don't be를 붙여 영작할 수 있다.
03 청유문은 〈Let's+동사의 원형 ~.〉의 어순으로 표현한다.
04 명령문이기 때문에 동사(take)의 원형을 그대로 사용한다.
05 How로 시작하는 감탄문은 〈How+형용사/부사(+주어+동사)!〉의 어순을 따른다.

B

해석

Sam: 참으로 멋진 개다!
Irene: 와, 그건 정말 큰데!
Sam: 가서 살펴보자.
Irene: 잠깐 기다려봐. 저 표지판을 좀 봐.
Sam: 오, "개를 만지지 마시오."라고 적혀 있네.
Irene: 맞아. 그 개한테 가까이 가지 말자.

해설

두 학생이 크고 멋지게 생긴 개를 보고 가까이 가려고 하다가 '만지지 말라'는 표지판을 보고 가까이 가지 말자고 말하는 상황이다. 감탄문, 명령문, 청유문을 만드는 공식을 기억하면서 문제를 풀어본다.

UNIT 10 의문사 Who, What

STEP 1 기초 탄탄

본문 53쪽

A 01 What, (b) 02 Who, (c) 03 What, (d) 04 What, (a) 05 Who, (e)

B 01 누가 02 무슨 03 누구 04 무엇을 05 누구를

A

해석

01 지금 몇 시니?–(b) 6시 정각
02 누가 '해리포터'를 썼니?–(c) J.K. Rowling
03 너는 무엇을 먹고 있니?–(d) 수박
04 네가 가장 좋아하는 운동은 뭐니?–(a) 축구
05 누가 숨어 있니?–(e) Ted

해설

01 What 다음에 명사가 오면 '무슨, 어떤, 몇'이라는 뜻으로 사용된다.
02 '누가'에 대한 물음은 Who로 시작한다.
03 What은 '무엇을'이라는 뜻으로 사용된다.
04 가장 좋아하는 운동이 '무엇'이냐는 질문이므로 What을 써 준다.
05 숨어 있는 '사람'에 대해 묻는 질문이므로 '누가'라는 뜻의 Who를 쓴다.

B

해석

01 누가 창문을 열었니?
02 너는 무슨 색깔을 좋아하니?
03 그 키 큰 남자아이는 누구니?
04 그는 무엇을 하고 있니?
05 너는 누구를 초대할 거니?

해설

01 Who는 '누가'라는 뜻으로 사용되었다.
02 What은 '무슨'이라는 뜻으로 쓰여 뒤에 나오는 명사(colors)를 꾸며주고 있다.
03 Who는 '누구'라는 뜻으로 사용되었다.
04 What은 '무엇을'이라는 뜻으로 쓰여 목적어 역할을 하고 있다.
05 Who는 '누구를'이라는 뜻으로 쓰여 invite의 목적어 역할을 하고 있다.

STEP 2 실력 쑥쑥

본문 54쪽

A 01 Who 02 What 03 What 04 Who 05 What 06 Who

B
01 Who is your English teacher?
02 What did she say?
03 Who won the game?
04 What do you think about the movie?
05 What season do you like?
06 Who should say sorry first?

A

해석

01 Q: 지금 방에 누가 있니?
A: Jack이 거기에 있어.
02 Q: 너의 어머니는 무슨 일을 하시니?
A: 그녀는 의사셔.
03 Q: 네 가방 안에는 무엇이 있니?
A: 아무것도 없어.
04 Q: 누가 눈사람을 만들 수 있니?
A: 우리 삼촌이 그것을 할 수 있어.
05 Q: 너는 점심으로 무엇을 먹었니?
A: 나는 샌드위치를 먹었어.
06 Q: 누가 사탕을 원하니?
A: 내가 원해.

해설

01 방에 '누가' 있느냐는 질문이 어울리기 때문에 Who를 써야 한다.

02 직업을 묻는 질문에는 What을 사용한다.

03 가방 안에 있는 것에 대한 질문이기 때문에 '누가'가 아닌 '무엇'에 해당하는 의문사 What을 써야 한다.

04 눈사람을 만들 수 있는 '사람'에 대한 질문이기 때문에 '누가'에 해당하는 Who를 사용한다.

05 점심으로 먹은 것에 대한 질문이기 때문에 '무엇'에 해당하는 What을 사용한다.

06 사탕을 원하는 '사람'에 대한 질문이므로, '누가'라는 뜻의 Who를 사용한다.

B

해석

01 네 영어 선생님이 누구시니?

02 그녀가 무엇을 말했니?

03 누가 그 게임을 이겼니?

04 너는 그 영화에 대해 어떻게 생각하니?

05 너는 무슨 계절을 좋아하니?

06 누가 미안하다고 먼저 말해야 하니?

해설

01 '~은 누구니?'라는 뜻의 의문문은 〈Who+be동사+주어?〉의 어순을 사용한다. 따라서 주어(your English teacher)와 be동사(is)의 위치를 바꿔야 한다.

02 일반동사가 쓰인 의문문에서 앞쪽에 do, does, did가 사용된 경우, 뒤쪽 일반동사는 원형으로 써야 한다. 따라서 said가 아닌 say를 써야 한다.

03 '누가 ~했니?'라는 뜻의 의문문은 〈Who+일반동사(과거형)+목적어?〉의 어순을 사용한다. 따라서 목적어(the game)와 일반동사(won)의 위치를 바꿔야 한다.

04 What do you think about ~?은 '~에 대해 어떻게 생각하니?'라는 뜻의 표현이다.

05 What은 '무슨'이라는 뜻으로 사용되어 다음에 나오는 명사를 꾸며줄 수 있다. 따라서 명사(season)가 What 다음에 쓰여야 한다.

06 '누가'에 대한 의문문이므로 What이 아닌 Who를 써야 한다.

STEP 3 쓰기로 완성

본문 55쪽

A
01 Who is the woman?
02 What are you doing now?
03 Who can play the guitar?
04 Who knows the secret?
05 What did you buy at the shop?

B
01 Who are the people
02 What do, eat
03 Who do, miss
04 What does the earth

A

해설

01 '누구'라는 뜻의 Who를 이용하여 〈Who+be동사+주어?〉의 어순으로 영작한다.

02 '무엇을'이라는 뜻의 What을 사용하고, '~하고 있다'라는 뜻의 현재진행형 표현(are doing)을 의문문 형태로 쓴다.

03 '누가'라는 뜻의 Who를 이용하여 〈Who+조동사+동사원형 ~?〉의 어순으로 영작한다.

04 '누가'라는 뜻의 Who를 이용하여 〈Who+일반동사+목적어?〉의 어순으로 영작한다.

05 '무엇을'이라는 뜻의 What을 이용할 수 있는데, 시제가 과거이기 때문에 〈What+did+주어+동사원형 ~?〉의 어순으로 영작한다.

B

해석

01 Tim과 Sarah.

02 우주 식량.

03 나의 가족.

04 그건 작고 파란 공처럼 보여.

01 당신 뒤에 있는 사람들은 누구인가요?

02 당신은 무엇을 먹나요?
03 당신은 누구를 그리워하나요?
04 그곳에서 보는 지구는 어떤 모습인가요?

해설

우주비행사의 대답을 참고하여 사람에 대한 대답이면 Who, 사물에 대한 대답이면 What을 이용하여 질문을 완성한다.

UNIT 11 의문사 When, Where, Why

STEP 1 기초 탄탄

본문 57쪽

A 01 (e) 02 (c) 03 (d) 04 (a) 05 (b)

B 01 Where 02 Why 03 Where 04 When 05 Why

A

해석

01 네 생일이 언제야?–(e) 7월 14일
02 너는 보통 어디에서 공부하니?–(c) 도서관에서
03 그는 어디 출신이야?–(d) 캐나다
04 너는 왜 웃고 있니?–(a) 왜냐하면 그게 재미있어서.
05 너는 몇 시에 일어나니?–(b) 7시 30분에

해설

01 When은 '언제'라는 뜻의 의문사로서 생일이 언제인지 말해주는 답을 고를 수 있다.
02 Where는 '어디'라는 뜻의 의문사로서 at the library(도서관에서)라는 답과 어울린다.
03 be from은 '~ 출신이다'라는 표현으로서 대답에는 지역(국가, 도시 등) 이름이 어울린다.
04 '왜'라는 뜻의 의문사 Why로 시작하는 질문이므로 왜 웃고 있는지에 대한 대답을 찾아본다.
05 What time은 구체적인 시각을 물을 때 사용된다.

B

해석

01 Q: 너 어디 가니?
A: 나는 은행에 가고 있어.
02 Q: 너는 왜 내 펜을 사용하기를 원하니?
A: 왜냐하면 내가 내 것을 잃어버렸거든.
03 Q: 너 어디에 있었어?
A: 나는 내 방에 있었어.
04 Q: 그는 언제 떠날 거니?
A: 그는 내일 떠날 거야.
05 Q: 너 왜 그렇게 행복해 하니?
A: 왜냐하면 내가 오늘 오후에 우리 할머니를 방문할 예정이거든.

해설

01 대답에서 장소(bank)를 언급하는 것으로 보아 Where로 물어보는 의문문임을 짐작할 수 있다.
02 Because(왜냐하면)는 Why(왜)로 시작하는 의문문과 어울린다.
03 방에 있었다는 대답으로 보아 질문에 Where(어디에)가 쓰였음을 알 수 있다.
04 내일 떠난다는 대답으로 보아 When(언제)으로 시작하는 의문문임을 알 수 있다.
05 Because(왜냐하면)는 Why(왜)로 시작하는 의문문에 대한 대답에 사용된다.

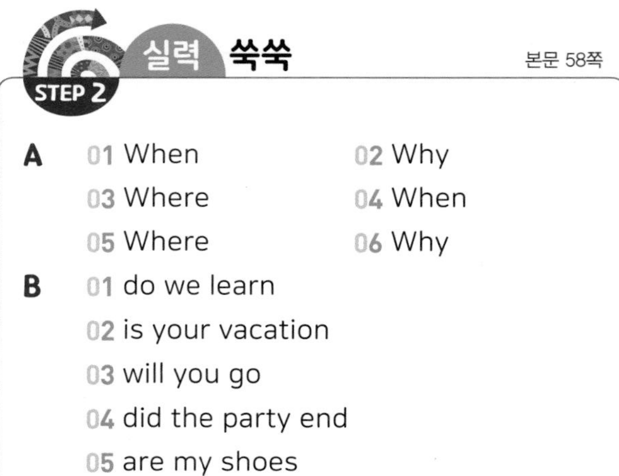

STEP 2 실력 쑥쑥

본문 58쪽

A 01 When 02 Why 03 Where 04 When 05 Where 06 Why

B 01 do we learn
02 is your vacation
03 will you go
04 did the party end
05 are my shoes

A

해석

01 Q: 크리스마스가 언제지?
A: 12월 25일이야.

02 Q: 너는 왜 병원에 갔니?
A: 왜냐하면 내가 감기에 걸렸기 때문이야.

03 Q: 극장이 어디에 있니?
A: 그건 우체국 옆에 있어.

04 Q: 우리는 언제 다시 만나야 할까?
A: 다음 달에 만나자.

05 Q: 너는 너의 스카프를 어디에서 샀니?
A: 나는 그것을 쇼핑몰에서 샀어.

06 Q: 너는 왜 슬프니?
A: 왜냐하면 내 친구가 다른 도시로 이사 갔거든.

해설

01 크리스마스가 '언제'인지 묻는 질문이 와야 하기 때문에 When을 쓴다.

02 Because(왜냐하면)로 대답을 한 것으로 보아 Why(왜)로 시작하는 질문임을 알 수 있다.

03 우체국 옆에 있다는 대답으로 보아 장소를 묻는 질문임을 알 수 있다.

04 다음 달에 만나자고 대답하는 것으로 보아 '언제'에 해당하는 질문이 나왔을 것을 짐작할 수 있다.

05 쇼핑몰에서 구입했다는 대답을 통해 '어디에서'라는 뜻의 Where로 시작하는 질문이 적절함을 알 수 있다.

06 Because를 통해 Why로 시작하는 질문임을 알 수 있다.

B

해설

01 의문사 Why가 일반동사(learn)와 함께 사용된 경우 〈Why+do/does/did+주어+동사원형 ~?〉의 순서로 문장을 완성할 수 있다.

02 의문사 When이 be동사(is)와 함께 사용된 경우 〈When+be동사+주어?〉의 순서로 문장을 완성할 수 있다.

03 의문사 Where가 조동사(will)와 함께 사용된 경우 〈Where+조동사+주어+동사원형 ~?〉의 순서로 문장을 완성할 수 있다.

04 의문사 When이 일반동사(end)와 함께 사용된 경우 〈When+do/does/did+주어+동사원형 ~?〉의 순서로 문장을 완성할 수 있다.

05 의문사 Where가 be동사(are)와 함께 사용된 경우 〈의문사+be동사+주어?〉의 순서로 문장을 완성할 수 있다.

쓰기로 완성

본문 59쪽

A
01 When is lunch time?
02 Where did you meet the actor?
03 Why are they tired today?
04 What time should I take the medicine?
05 Why do children learn coding?

B
01 Why, are, you
02 When, does, begin
03 Where, is, concert
04 Why, is

A

해설

01 '언제'라는 뜻의 When을 이용하여 〈When+be동사+주어?〉의 어순으로 영작한다.

02 '어디에서'라는 의미의 의문사 Where를 이용하여 〈Where+do/does/did+주어+동사원형 ~?〉의 어순으로 영작할 수 있는데, 시제가 과거(만났어)이기 때문에 did를 사용한다.

03 '왜'라는 뜻의 Why를 이용하여 〈Why+be동사+주어 ~?〉의 어순으로 영작한다.

04 구체적인 시각을 묻는 질문이기 때문에 What time을 이용해서 영작한다.

05 '왜'라는 뜻의 Why를 이용하여 〈Why+do/does/did+주어+동사원형 ~?〉의 어순으로 영작할 수 있는데, 현재시제에 주어(children)가 3인칭 단수가 아니기 때문에 do를 사용한다.

B

해석

소년: 너는 왜 신나 있니?
소녀: 왜냐하면 Jack Brown이 오늘 콘서트를 열기 때문이야.
소년: 콘서트가 언제 시작하는데?
소녀: 오후 6시에 시작해.
소년: 그는 어디에서 그의 콘서트를 할 예정이니?
소녀: 오, 그건 온라인 콘서트야.
소년: 온라인 콘서트? 그건 왜 그런 거야?
소녀: 코로나바이러스 때문이야.

해설

01 Because로 시작하는 대답으로 보아 남학생은 Why로 시작하는 질문을 했음을 짐작할 수 있다.

02 여학생이 콘서트 시작 시각을 말하는 것으로 보아 남학생이 When으로 시작하는 질문을 했다는 것을 알 수 있다.

03 be going to는 예정을 나타내는 미래의 뜻을 갖고 있는 표현으로서 의문문에서는 〈be동사+주어+going to〉의 순서로 사용된다.

04 Because of로 시작하는 대답을 통해 질문이 Why로 시작하는 의문문임을 짐작할 수 있다. 참고로 because of는 because와 마찬가지로 '~ 때문에'라는 뜻을 가지고 있는 표현인데, because 다음에는 절(clause)이, because of 다음에는 구(phrase)가 온다는 차이점이 있다.

UNIT 12 의문사 How, Which, Whose

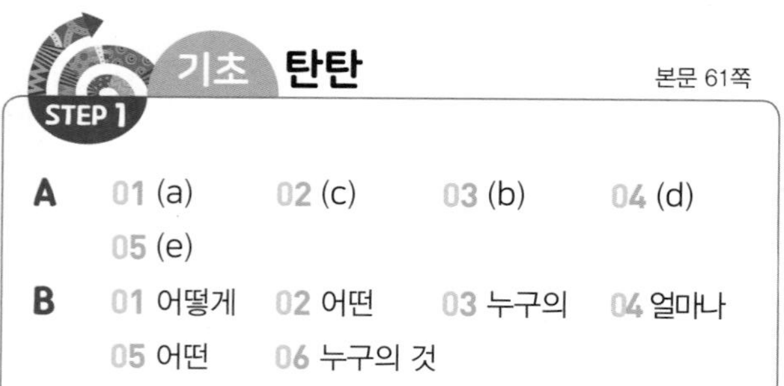

STEP 1 기초 탄탄 본문 61쪽

A 01 (a) 02 (c) 03 (b) 04 (d) 05 (e)

B 01 어떻게 02 어떤 03 누구의 04 얼마나 05 어떤 06 누구의 것

A

해석

01 어떤 게 축구공이야?−(a) 흰 것
02 저건 누구의 자동차니?−(c) Clark 씨의 것
03 너는 어떻게 일하러 가니?−(b) 버스를 타고
04 너는 어떤 자전거를 원해?−(d) 더 큰 것
05 날씨가 어때?−(e) 화창해

해설

01 Which는 '어떤'이라는 뜻의 의문사로서 Which one은 '어떤 것'이라고 해석할 수 있다.

02 Whose는 '누구의'라는 뜻으로 해석되며 '누구의 자동차'인지 묻는 질문이기 때문에 (c)와 연결할 수 있다.

03 How(어떻게)를 이용하여 직장에 가는 '방법'에 대해 묻고 있다.

04 '어떤' 자전거를 원하는지 묻는 의문문이다.

05 날씨가 어떤지 묻는 질문이기 때문에 (e)와 연결할 수 있다.

B

해석

01 너는 어떻게 정답을 찾았니?
02 어떤 연필이 너의 것이니?
03 이것은 누구의 머리핀이니?
04 너는 얼마나 많은 학생들을 가르치니?
05 너는 어떤 버튼을 골랐니?
06 이것은 누구의 것이니?

해설

01 How는 '어떻게'라는 뜻으로 해석되며 정답을 찾은 '방법'에 대해 묻고 있다.

02 〈Which+명사〉의 구조에서 Which는 명사를 꾸며주며 '어떤'이라고 해석한다.

03 Whose는 뒤에 있는 명사(hairpin)를 꾸며주기 때문에 '누구의'라고 해석할 수 있다.

04 〈How many+복수명사 ~?〉 구문에서 How many는 '얼마나 많은'이라고 해석한다.

05 Which는 뒤에 있는 명사를 꾸며줄 때 '어떤'이라고 해석한다.

06 Whose는 '누구의' 혹은 '누구의 것'이라고 해석할

수 있는데, 6번 문장의 경우 Whose 뒤에 명사가 없기 때문에 명사의 뜻까지 포함한 '누구의 것'으로 해석한다.

STEP 2 실력 쑥쑥

본문 62쪽

A 01 How 02 Which 03 How
04 Whose 05 Which 06 Whose

B 01 tall are you
02 nickname is angel
03 one is his 04 floor are you
05 did he get

A

해석

01 Q: 그건 얼마니?
A: 5달러야.

02 Q: 내가 어떤 버스를 타야 하니?
A: 너는 50번 버스를 타야 해.

03 Q: 너는 그 정보를 어떻게 찾을 거니?
A: 나는 인터넷을 사용할 거야.

04 Q: 이건 누구의 우산이니?
A: 그건 Peter의 것이야.

05 Q: 너는 여름과 겨울 중에 어떤 게 더 좋니?
A: 나는 여름을 더 좋아해.

06 Q: 그건 누구의 실수였니?
A: 그건 내 실수였어.

해설

01 대답에 가격을 뜻하는 말이 나오는 것으로 보아 얼마인지를 묻는 질문이 쓰였을 것임을 짐작할 수 있다.

02 50번 버스를 타라고 답하는 것으로 보아 '어떤' 버스를 타야 하는지를 묻는 질문이 와야 함을 알 수 있다.

03 '방법'을 말하는 답으로 보아 '어떻게'라는 뜻의 의문사로 시작하는 질문임을 유추해 볼 수 있다.

04 Peter's는 'Peter의 것'이라는 뜻의 소유대명사이기 때문에 '누구의' 우산인지를 묻는 질문이 와야 함을 알 수 있다.

05 선택의문문은 Which로 시작하여 만들 수 있다.

06 '나의' 실수라고 답하는 것으로 보아 '누구의' 실수였는지를 묻는 질문과 연결할 수 있다.

B

해설

01 〈How tall ~?〉은 키를 묻는 질문으로 사용된다.

02 '누구의'라는 뜻의 Whose가 '별명'이라는 뜻의 nickname을 꾸며주는 형태로 영작할 수 있다.

03 Which 다음에 one을 사용하면 '어떤 것'이라고 해석된다.

04 Which 다음에 floor(층)를 연결하여 '몇 층'이라는 뜻으로 사용할 수 있다.

05 get처럼 일반동사가 사용된 문장의 경우 〈의문사+do/does/did+주어+동사원형 ~?〉의 순서로 영작할 수 있다.

STEP 3 쓰기로 완성

본문 63쪽

A 01 Which one is cheaper?
02 How can I get to the library?
03 Whose smartphone is this?
04 Whose is this pencil?
05 How was your weekend?

B 01 how, feeling
02 whose soccer ball
03 which do you like
04 whose water gun

A

해설

01 '어떤'이라는 뜻의 Which를 이용하여 〈Which one+be동사+형용사?〉의 어순으로 영작한다.

02 '어떻게'라는 뜻의 How를 이용하여 〈How+can+주어+동사원형 ~?〉의 어순으로 영작한다.

03 '누구의'라는 뜻의 Whose를 이용하여 〈Whose+명사+be동사+주어?〉의 어순으로 영작한다.

04 '누구의 것'이라는 뜻의 Whose를 이용하여 〈Whose+be동사+주어?〉의 어순으로 영작한다.

05 '어떻게'라는 뜻의 How를 이용하여 〈How+be동사+주어?〉의 어순으로 영작할 수 있는데, '어땠니'라는 과거시제이기 때문에 be동사의 과거시제인 was를 사용한다.

B

해석

상호: 나는 오늘 피곤해.

보미: 이것은 Peter의 것이야.

태호: 나는 고양이를 더 좋아해.

민지: 내 것이야.

01 상호야, 너 오늘 기분이 어때?

02 보미야, 그것은 누구의 축구공이니?

03 태호야, 너는 개와 고양이 중 어떤 것을 더 좋아하니?

04 민지야, 그것은 누구의 물총이니?

해설

01 기분이나 상태를 물어볼 때 의문사 how를 이용한다.

02 보미가 'Peter의 것'이라고 답하는 것으로 보아 축구공이 누구의 것이냐고 묻는 질문이 어울린다.

03 〈Which do you like better, A or B?〉 구조를 이용하여 선택의문문을 만들어 본다.

04 민지가 자신의 것이라고 답하는 것으로 보아 물총이 누구의 것이냐고 묻는 질문을 만들어서 연결할 수 있다.

Check! 체크! Chapter V

본문 64쪽

A	01 Who	02 What	03 Where
	04 What	05 Who	
B	06 Why	07 Whose	08 When
	09 How	10 Which	
C	11 What a funny joke		
	12 Let's order a pizza		
	13 Be careful of the cars		
	14 How cute the koala is		
	15 Don't turn on the TV / Don't turn the TV on		

A

01 누가 교실을 청소했니?

해설 교실을 청소한 '사람'에 대해 묻는 질문이므로 '누가'라는 뜻의 Who를 쓴다.

02 너의 가장 좋아하는 과목은 무엇이니?

해설 가장 좋아하는 과목이 '무엇'이냐는 질문이므로 What을 써 준다.

어휘 • favorite 가장 좋아하는

• subject 과목[교과]

03 너는 어디에서 이 아름다운 드레스를 샀니?

해설 드레스를 산 곳이 '어디'인지 묻는 것이므로 Where를 사용한다.

04 너의 가족은 지난 주말에 무엇을 했니?

해설 지난 주말에 '무엇'을 했는지 묻는 질문이므로 What을 쓴다.

어휘 • weekend 주말

05 누가 방과 후에 나랑 놀고 싶니?

해설 방과 후에 나와 함께 놀 '사람'에 대해 묻는 질문이므로 '누가'라는 뜻의 Who를 써 준다.

중요 표현 ■ after school: 방과 후에

B

06 Q: 너는 왜 운동을 하니?

A: 왜냐하면 나는 건강해지고 싶기 때문이야.

해설 Because(왜냐하면)로 답했기 때문에 질문에는 이유를 묻는 Why(왜)를 써 준다.

어휘 • healthy 건강한

07 Q: 이것은 누구의 필통이니?

A: 오, 그거 내 거야.

해설 그것은 '나의 것'이라고 답하는 것으로 보아 '누구의'라는 뜻의 Whose를 사용한 질문이 와야 한다.

어휘 • pencil case 필통

• mine 나의 것

08 Q: 너는 언제 한국에 왔니?

A: 대략 1년쯤 전에.

해설 '대략 1년쯤 전에'라는 시기를 답하고 있으므로 한국에 '언제' 왔는지 묻는 When을 쓴다.

어휘 • about 대략 ~쯤
• ago ~ 전에

09 Q: Hello는 한국어로 어떻게 말하니?
A: 우리는 '안녕'이라고 말해.
해설 영어 Hello를 한국어로 '어떻게' 말하는지를 묻는 질문으로 How를 쓴다.

10 Q: 너는 치킨과 피자 중에 어느 것을 더 좋아하니?
A: 나는 치킨을 더 좋아해.
해설 치킨과 피자 중 하나를 더 좋아한다고 답한 것으로 보아 '어느 것'에 해당하는 Which를 쓴다.
중요 표현 ■ Which do you like better, A or B? 너는 A와 B 중 어느 것을 더 좋아하니?

C

11 정말 재미있는 농담이구나!
해설 What으로 시작하는 감탄문은 〈What + (a/an) + 형용사 + 명사(+주어 + 동사)!〉의 어순을 따른다.
어휘 • joke 농담

12 우리 피자를 주문하자.
해설 청유문은 〈Let's + 동사의 원형 ~.〉의 어순으로 표현한다.
중요 표현 ■ Let's ~.: ~하자.
어휘 • order 주문하다

13 차 조심해.
해설 명령문은 동사의 원형으로 시작한다.
중요 표현 ■ be careful of: ~에 대해 주의하다[조심하다]

14 정말 귀여운 코알라구나!
해설 How로 시작하는 감탄문은 〈How + 형용사/부사(+주어 + 동사)!〉의 어순을 따른다.
어휘 • cute 귀여운

15 TV를 켜지 마.
해설 부정명령문은 〈Don't + 동사의 원형 ~ .〉의 어순으로 표현한다.
중요 표현 ■ turn on: ~을 켜다

Chapter VI

전치사와 접속사

UNIT 13 시간과 장소 전치사

STEP 1 기초 탄탄

본문 67쪽

A 01 in 02 in front of
03 on 04 behind
05 next to 06 between
B 01 at 02 in 03 on 04 in
05 at 06 on

A

해설
01 '~ 안에'라는 뜻의 전치사는 in이다.
02 '~ 앞에'라는 뜻의 전치사는 in front of이다.
03 '~ 위에'라는 뜻의 전치사는 on이다.
04 '~ 뒤에'라는 뜻의 전치사는 behind이다.
05 '~ 옆에'라는 뜻의 전치사는 next to이다.
06 '~ 사이에'라는 뜻의 전치사는 between이다.

B

해석
01 오후 7시에 만나자.
02 우리는 겨울에 종종 스키를 타러 간다.
03 나는 10월 14일에 그를 만났다.
04 Sam은 2016년에 5살이었다.
05 파티는 5시 정각에 시작할 것이다.
06 우리는 그의 생일에 파티를 했다.

해설
01 구체적인 시각(7:00 p.m.) 앞에는 at을 쓴다.
02 계절(winter) 앞에는 in을 쓴다.
03 구체적인 날짜(October 14th) 앞에는 on을 쓴다.
04 연도(2016) 앞에는 in을 쓴다.
05 구체적인 시각(5 o'clock) 앞에는 at을 쓴다.
06 특정한 날(his birthday) 앞에는 on을 쓴다.

STEP 2 실력 쑥쑥

본문 68쪽

A
01 in
02 between
03 behind
04 about
05 for
06 in front of

B
01 My cousin lives in Seoul.
02 My summer vacation begins on July 25th.
03 You can see beautiful flowers in spring.
04 I usually wake up at 7:30 in the morning.
05 She works in England now.

A

해설

01 '~ 안에'라는 뜻을 갖고 있는 전치사 in을 사용한다.
02 '~ 사이에'라는 뜻을 갖고 있는 전치사 between을 사용한다.
03 '~ 뒤에'라는 뜻을 갖고 있는 전치사 behind를 사용한다.
04 '대략, 약 ~경[쯤]에'라는 뜻을 갖고 있는 전치사 about을 사용한다.
05 '~ 동안'이라는 뜻을 갖고 있는 전치사 for를 사용한다.
06 '~ 앞에'라는 뜻을 갖고 있는 전치사 in front of를 사용한다.

B

해석

01 나의 사촌은 서울에 산다.
02 나의 여름방학은 7월 25일에 시작한다.
03 당신은 봄에 아름다운 꽃들을 볼 수 있다.
04 나는 보통 아침 7시 30분에 일어난다.
05 그녀는 지금 영국에서 일한다.

해설

01 도시(Seoul) 이름 같은 비교적 넓은 장소 앞에는 in을 사용한다.
02 구체적인 날짜(July 25th) 앞에는 on을 사용한다.
03 계절(spring) 앞에는 in을 사용한다.
04 구체적인 시각(7:30) 앞에는 at을 사용한다.
05 나라(England) 이름 같은 비교적 넓은 장소 앞에는 in을 사용한다.

STEP 3 쓰기로 완성

본문 69쪽

A
01 meet on December 26th
02 it on the table
03 become an adult in 2030
04 sit next to you
05 take a walk for an hour

B
01 a book under the table
02 cheese on the table
03 behind the sofa
04 the guitar in the box
05 in front of the sofa

A

해설

01 청유문은 〈Let's+동사원형〉의 어순으로 만들 수 있으며, 특정한 날짜(December 26th) 앞에는 전치사 on을 사용한다.
02 '~ 위에'라는 뜻으로 사용되는 on을 이용한다.
03 연도(2030) 앞에는 in을 사용한다.
04 '~ 옆에'라는 뜻으로 사용되는 next to를 이용한다.
05 '~ 동안'이라는 뜻의 전치사는 for이며, for 다음에는 숫자로 표현한 기간을 나타내는 말을 써 준다.

B

해석

01 고양이 한 마리가 테이블 아래에서 책을 읽고 있다.
02 쥐 한 마리가 테이블 위에서 치즈를 먹고 있다.
03 호랑이 두 마리가 소파 뒤에서 싸우고 있다.

04 개구리 한 마리가 상자 안에서 기타를 연주하고 있다.
05 개 한 마리가 소파 앞에서 음악을 듣고 있다.

해설

01 고양이는 테이블 아래에서 책을 읽고 있다. 따라서 '~ 아래에서'라는 뜻의 under를 사용한다.
02 쥐는 테이블 위에서 치즈를 먹고 있다. 따라서 '~ 위에서'라는 뜻의 on을 사용한다.
03 호랑이 두 마리가 소파 뒤에서 싸우고 있다. 따라서 '~ 뒤에서'라는 뜻의 behind를 사용한다.
04 개구리는 상자 안에서 기타를 연주하고 있다. 따라서 '~ 안에서'라는 뜻의 in을 사용한다.
05 개는 소파 앞에서 음악을 듣고 있다. 따라서 '~ 앞에서'라는 뜻의 in front of를 사용한다.

UNIT 14 기타 전치사

STEP 1 기초 탄탄

본문 71쪽

A	01 (d), from	02 (e), for	03 (c), by
	04 (b), with	05 (a), of	
B	01 ~을 타고	02 ~ 중의	03 ~로
	04 ~을 위해	05 ~로부터	06 ~ 옆에

A

해석

01 (d) 프랑스로부터 오다
02 (e) 나의 엄마를 위한 케이크
03 (c) 택시로 가다
04 (b) 펜으로 글을 쓰다
05 (a) 금으로 만들어진

해설

01 출신을 말할 때 '~로부터'라는 뜻의 전치사 from을 사용한다.
02 '~을 위해'라는 뜻의 전치사 for를 사용한다.
03 교통수단 앞에 '~로'라는 뜻의 전치사 by를 사용한다.
04 도구를 나타내기 위해 '~로/~을[를] 사용하여'라는 뜻의 전치사 with를 사용한다.
05 재료를 말할 때 '~로'라는 뜻의 전치사 of를 사용한다.

B

해석

01 나는 지하철을 타고 일하러 간다.
02 내 친구들 중 대부분은 피자를 좋아한다.
03 그는 스파게티를 포크로 먹었다.
04 부모는 그들의 아이들을 위해 일한다.
05 그녀는 부산으로부터 방금 돌아왔다.
06 강 옆에 있는 그 집을 좀 봐.

해설

01 교통수단 앞에 사용된 by는 '~로[~을 타고]'라고 해석한다.
02 소속을 나타내는 of는 '~ 중의'라고 해석한다.
03 도구를 나타내는 with는 '~로'라고 해석한다.
04 '~을[를] 위해'라는 의미로 전치사 for를 사용한다.
05 출발지를 나타낼 때 사용하는 from은 '~로부터'라고 해석한다.
06 문장의 흐름상 by는 집의 위치를 묘사하기 위해 사용되었으며 '~ 옆에'라고 해석한다.

STEP 2 실력 쑥쑥

본문 72쪽

A 01 for 02 of 03 with 04 by 05 from

B
01 Please stay away from me.
02 The chair is made of wood.
03 I drew a heart in the sand with a stick.
04 Many students go to school by bike.
05 Paper is made from trees.

A

해설

01 '~을 위해'라는 뜻을 갖고 있는 전치사 for를 사용한다.

02 '~ 중의'라는 뜻을 갖고 있는 전치사 of를 사용한다.
03 '~와 함께'라는 뜻을 갖고 있는 전치사 with를 사용한다.
04 '~ 옆에'라는 뜻을 갖고 있는 전치사 by를 사용한다.
05 '~로부터'라는 뜻을 갖고 있는 전치사 from을 사용한다.

B

해석

01 나로부터 떨어져 주세요.
02 그 의자는 나무로 만들어졌다.
03 나는 막대기로 모래에 하트를 그렸다.
04 많은 학생들이 자전거로 학교에 간다.
05 종이는 나무로 만들어진다.

해설

01 '~로부터'라는 뜻을 갖고 있는 전치사 from을 사용한다.
02 의자를 만들 때 원재료(나무)의 모습이 남아 있기 때문에 of를 사용한다.
03 도구를 나타낼 때 '~로'라는 뜻의 with를 사용한다.
04 교통수단 앞에 by를 사용한다.
05 종이를 만들 때 원재료(나무)의 모습이 남아 있지 않기 때문에 from을 사용한다.

STEP 3 쓰기로 완성

본문 73쪽

A 01 for your kindness
02 is made of silver
03 rice with a spoon
04 went to Seoul by train
05 is made from grapes

B 01 by, the lake　02 with, my parents
03 of, the school　04 for, my dream

A

해설

01 어떤 일에 대한 이유를 표현할 때 '~에 대해, ~ 때문에'라는 뜻의 for를 사용할 수 있다.
02 은으로 만든 목걸이에는 원재료인 은의 모습이 남아 있기 때문에 of를 사용하여 영작한다.
03 도구를 나타낼 때 '~로'라는 뜻의 with를 사용한다.
04 교통수단 앞에 by를 사용한다.
05 포도로 만든 와인에는 원재료인 포도의 모습이 남아 있지 않기 때문에 from을 사용하여 영작한다.

B

해석

01 나는 수지야. 나는 호숫가에 있는 파란색 집에 살아.
02 나는 나의 부모님 그리고 조부모님과 함께 살고 있어.
03 나는 학교 축구 동아리의 일원이야.
04 나는 축구선수가 되고 싶어서 내 꿈을 위해 열심히 연습해.

해설

01 '~ 옆에'라는 뜻을 갖고 있는 by를 이용한다.
02 누구와 함께 살고 있는지를 묘사하는 문장이기 때문에 '~와 함께'라는 뜻의 with를 이용한다.
03 '~(중)의'라는 뜻의 of를 이용하여 축구 동아리 소속이라고 묘사할 수 있다.
04 '~을 위해'라는 뜻의 for를 이용하여 자신의 꿈을 위해 노력하고 있다는 점을 묘사할 수 있다.

UNIT 15 and, but, or, so

STEP 1 기초 탄탄

본문 75쪽

A 01 or 02 so 03 and 04 but 05 so
B 01 ① 02 ② 03 ② 04 ③ 05 ③ 06 ②

A

해석

01 너는 물 또는 주스를 마실 수 있다.
02 나는 늦게 일어나서 학교에 지각했다.
03 Andy와 나는 가장 친한 친구다.
04 그녀는 열심히 노력했지만 경기에서 졌다.
05 나는 감기에 걸려서 병원에 갔다.

해설

01 물과 주스 중 원하는 걸 선택해서 마실 수 있다는 의미가 가장 자연스럽기 때문에 '또는'이라는 뜻의 or를 사용한다.
02 늦게 일어났다는 원인으로 학교에 지각하는 결과가 생겼으므로 그 사이에 '그래서'라는 뜻의 so가 들어간다.
03 'Andy와 나'라는 해석으로 연결되기 때문에 '~와[과]'라는 뜻의 and를 사용한다.
04 열심히 노력했지만 게임에서 졌다고 말하는 흐름이 자연스럽기 때문에 '하지만'이라는 뜻의 but을 사용한다.
05 감기에 걸렸다는 사실이 원인이고, 병원에 간 것이 결과이기 때문에 so로 연결한다.

B

해석

01 나는 목이 말라서 물을 마셨다.
02 나는 Jason이고 12살이다.
03 Brian은 서둘렀지만 버스를 놓쳤다.
04 그는 사과, 오렌지, 그리고 수박을 좋아한다.
05 너는 커피 혹은 차를 마실래?
06 나는 자전거에서 떨어졌지만 다치지 않았다.

해설

01 목이 말랐던 게 원인, 물을 마신 게 결과이다. 따라서 '그래서'라는 뜻의 so를 사용한다.
02 '그리고'라는 뜻의 and를 절(I'm Jason)과 절(I'm 12 years old) 사이에 놓아서 자연스럽게 연결해 준다.
03 'Brian이 서둘렀다'와 '버스를 놓쳤다'를 연결하기 위해서는 '하지만'이라는 뜻의 but을 사용해야 한다.
04 세 가지를 나열할 때 마지막에 나열하는 것 바로 앞에 and를 써 준다.
05 커피 혹은 차를 마시겠냐고 묻는 질문이기 때문에 coffee와 tea 사이에 or를 써 준다.
06 자전거에서 떨어졌지만 다치지 않았다는 연결이 자연스럽기 때문에 '하지만'이라는 뜻의 but을 사용하여 문장을 연결한다.

STEP 2 실력 쑥쑥

본문 76쪽

A 01 and 02 or 03 so 04 but 05 but
B 01 mom and dad are
02 visit London or Paris
03 so I closed the window
04 but he doesn't like
05 so I went to bed

A

해설

01 '유럽과 아시아'라는 말은 '유럽 그리고 아시아'라는 뜻이기 때문에 and(그리고)를 사용한다.
02 둘 중 하나를 선택하는 선택의문문에는 '또한'이라는 뜻의 or를 사용한다.
03 잠을 잘 못 잤다는 '원인'과 지금 피곤하다는 '결과'를 so로 연결할 수 있다.
04 '하지만'이라는 뜻의 but으로 두 개의 절을 연결할 수 있다.

05 수프가 '맵지만'이라는 해석에는 '하지만'이라는 뜻이 들어 있기 때문에 but을 사용한다.

B

해설

01 mom과 dad를 '~와[과]'라는 뜻의 and로 연결한다.

02 London과 Paris를 '혹은'이라는 뜻의 or로 연결한다.

03 It was cold(원인)와 I closed the window(결과)를 '그래서'라는 뜻의 so로 연결한다.

04 '하지만'이라는 뜻의 but으로 두 개의 절을 연결한다.

05 I was tired(원인)와 I went to bed early(결과)를 '그래서'라는 뜻의 so로 연결한다.

완성

본문 77쪽

A 01 is difficult, but I like it
02 so you need an umbrella
03 and had dinner
04 better, summer or winter

B 01 I'd[I would] like a burger and fries
02 For here or to go
03 but I'd like cheese sticks, too
04 so the total is 10 dollars

A

해설

01 수학이 어렵다는 사실과 내가 그것을 좋아한다는 사실을 '하지만'이라는 뜻의 but으로 연결할 수 있다.

02 비가 오고 있다는 이유로 네가 우산이 필요한 것이기 때문에 '그래서'라는 뜻의 so를 이용한다.

03 손을 씻은 행동과 저녁을 먹은 행동을 '그리고'라는 뜻의 and로 연결한다.

04 Which do you like better, A or B?는 A와 B 둘 중 어떤 것이 더 좋은지를 묻는 선택의문문으로 사용된다.

B

해석

남: 주문하실 준비가 되셨나요?
여: 네. 저는 햄버거와 감자튀김을 먹고 싶어요.
남: 여기서 드실 건가요 아니면 가져가실 건가요?
여: 가져가겠습니다.
남: 7달러가 되겠네요.
여: 오, 죄송하지만 저는 치즈 스틱도 원해요.
남: 치즈 스틱은 3달러입니다. 따라서 총액은 10달러입니다.
여: 네. 여기 있습니다.

해설

01 would like는 '~을 원한다'는 뜻으로 주문할 때 자주 사용되는 표현이다. 여자는 햄버거와 감자튀김을 주문하고 있기 때문에 '그리고'라는 뜻의 and를 사용할 수 있다.

02 '또는'이라는 뜻의 or를 사용해서 손님에게 음식을 여기에서 먹을 것인지 아니면 포장해서 가져갈 것인지를 물을 수 있다.

03 I'm sorry, but ....은 '미안하지만 ….'이라는 뜻으로서 여자는 한 번에 주문하지 않고 추가로 주문하는 것에 대해 미안함을 표시하고 있다.

04 여자가 먼저 주문한 음식(햄버거, 감자튀김)의 가격은 7달러인데, 추가로 주문한 치즈 스틱의 가격이 3달러이기 때문에 총 10달러가 된다. 이 과정을 '그래서[따라서]'라는 뜻의 접속사 so로 연결해서 문장을 완성한다.

UNIT 16 before, after, when, because

탄탄

본문 79쪽

A 01 when 02 before 03 because
04 when 05 after

B 01 ~ 후에 02 ~ 때문에
03 ~할 때 04 ~ 때문에
05 ~ 전에

A

해석

01 그는 주스를 마실 때 빨대를 사용한다.
02 네가 떠나기 전에 불을 꺼라.
03 비가 오고 있기 때문에 그녀는 우산이 필요하다.
04 그는 어렸을 때 솜사탕을 좋아했다.
05 나는 내 강아지를 목욕시킨 후에 말려줬다.

해설

01 '주스를 마실 때 빨대를 사용한다'는 흐름으로 해석할 수 있기 때문에 '~할 때'라는 뜻의 접속사 when을 사용한다.
02 그림 속 상황을 통해 떠나기 전에 불을 끄라는 연결이 가장 자연스럽다고 볼 수 있다.
03 그녀에게 우산이 필요한 이유는 지금 비가 오고 있기 때문이다. 따라서 because를 사용한다.
04 그림 속 남자는 솜사탕을 좋아했던 어렸을 때를 회상하고 있기 때문에 '~할 때'라는 뜻의 접속사 when을 사용한다.
05 her는 my puppy를 대신해서 사용된 대명사로 볼 수 있으며 강아지를 목욕시킨 후에 털을 말리기 때문에 '~ 후에'라는 뜻의 접속사 after를 사용한다.

B

해석

01 먹은 후에는 양치질을 해라.
02 나는 그 소음 때문에 잠을 잘 수 없었어.
03 네가 자전거를 탈 때 헬멧을 착용해라.
04 Lisa가 다른 도시로 이사를 갔기 때문에 나는 슬프다.
05 나는 요리하기 전에 보통 조리법을 읽는다.

해설

01 after는 '~ 후에'라는 뜻의 접속사이다.
02 because of는 '~ 때문에'라는 뜻의 전치사로서 because와 달리 뒤에 구(phrase)를 연결하여 쓴다.
03 when은 '~할 때'라는 뜻의 접속사이다.
04 because는 '~ 때문에'라는 뜻의 접속사이다.
05 before는 '~ 전에'라는 뜻의 접속사이다.

STEP 2 실력 쑥쑥

본문 80쪽

A 01 after 02 because 03 When 04 because of 05 before

B 01 when he came back 02 because I lost 03 before you leave 04 after he played 05 because of his kindness

A

해설

01 '~ 후에'라는 뜻의 after를 사용해서 문장을 완성할 수 있다.
02 오늘 행복한 이유는 내 생일이기 때문이다. 따라서 이유를 나타내는 because를 이용한다.
03 '~할 때'라는 뜻의 When을 이용하여 문장을 완성할 수 있다.
04 이유를 나타낼 때 because 혹은 because of를 사용할 수 있는데, John and Rudy라는 구(phrase) 앞에는 because of를 사용한다.
05 '~ 전에'라는 뜻의 before를 이용하여 문장을 완성할 수 있다.

B

해설

01 when는 '~할 때'라는 뜻의 접속사로서 〈when+주어+동사〉의 어순으로 완성한다.
02 because는 '~ 때문에'라는 뜻의 접속사로서 〈because+주어+동사〉의 어순으로 완성한다.
03 before는 '~ 전에'라는 뜻의 접속사로서 〈before+주어+동사〉의 어순으로 완성한다.
04 after는 '~ 후에'라는 뜻의 접속사로서 〈after+주어+동사〉의 어순으로 완성한다.
05 because of는 전치사이기 때문에 다음에 구(his kindness)를 사용한다.

STEP 3 쓰기로 완성

본문 81쪽

A
01 took some medicine before he went to bed
02 called Mom after I arrived home
03 drank water because I was thirsty
04 was crying when I saw her in the morning

B
01 after I had lunch
02 When I was in Insadong / When I went to Insadong
03 Before I came back to the hotel
04 because I was tired

A

해석

01 Paul은 약을 먹고 잠자리에 들었다.
→ Paul은 잠자리에 들기 전에 약을 먹었다.

02 나는 집에 도착했고 엄마에게 전화했다.
→ 나는 집에 도착한 후에 엄마에게 전화했다.

03 나는 갈증이 나서 물을 마셨다.
→ 나는 갈증이 났기 때문에 물을 마셨다.

04 나는 오전에 그녀를 봤다. 그녀는 울고 있었다.
→ 내가 오전에 그녀를 봤을 때 그녀는 울고 있었다.

해설

01 시간의 순서로 보아 약을 먹은 게 먼저이고 잠자리에 든 게 나중이다. 따라서 before 다음에 he went to bed를 연결한다.

02 내가 집에 도착한 게 먼저 있었던 일이고 엄마에게 전화한 게 나중에 있었던 일이다.

03 물을 마셨던 이유는 갈증이 났기 때문이다. 따라서 because 다음에 '이유'에 해당하는 I was thirsty를 연결하여 영작한다.

04 '~할 때'라는 접속사 when을 이용하여 두 문장을 연결한다.

B

해석

01 어제 나는 점심을 먹은 이후에 인사동에 갔다.

02 내가 인사동에 있을 때[갔을 때] 나는 나의 가족을 위한 선물을 조금 구입했다.

03 나는 호텔에 돌아오기 전에 저녁을 먹었다.

04 나는 피곤했기 때문에 일찍 잠자리에 들었다.

해설

01 인사동에 갔던 건 점심을 먹은 이후이기 때문에 after와 I had lunch를 연결하여 문장을 완성한다.

02 '인사동에 있을 때' 혹은 '인사동에 갔을 때'라는 뜻으로 영작하기 위해 〈When+주어+동사〉의 구조를 사용한다.

03 저녁을 먹은 건 호텔에 돌아오기 이전이기 때문에 before와 I came back to the hotel을 연결하여 문장을 완성한다.

04 Chris가 일찍 잤던 이유는 피곤했기 때문이다. 따라서 because가 이끄는 절에 원인[이유]에 해당하는 I was tired를 연결하여 영작할 수 있다.

Check! 체크! Chapter VI

본문 82쪽

A
01 on 02 in 03 at 04 in
05 on

B
06 with 07 from 08 of 09 by
10 for

C
11 felt full after I ate cake
12 was sick, but he went to school
13 were dancing when I visited them
14 reads many books, so she is smart
15 passed the test because I studied hard

A

01 시계는 벽에 있다.
해설 벽에 무언가가 걸려 있다는 표현을 할 때는 전치사 on을 사용한다.
어휘 • clock 벽시계

02 그는 캐나다에서 영어를 공부했다.
해설 비교적 넓은 장소(나라) 앞에는 전치사 in을 쓴다.

03 우리는 항상 12시 30분에 점심을 먹는다.
해설 구체적인 시각 앞에는 시간 전치사 at을 사용한다.
어휘 • always 항상

04 나의 가장 친한 친구의 생일은 10월이다.
해설 월 앞에는 시간 전치사 in을 쓴다.
어휘 • October 10월

05 나는 토요일에 조부모님을 방문할 것이다.
해설 요일 앞에서는 시간 전치사 on을 사용한다.
어휘 • grandparents 조부모님(할아버지와 할머니)

B

06 나는 너와 함께 있고 싶다.
해설 '~와 함께'라는 뜻의 전치사는 with이다.

07 플라스틱은 석유로 만들어진다.
해설 '~로 만들어지다'를 표현할 때 be made of/from을 사용하는데, 원재료의 모습이 남아 있지 않을 경우에는 from이 적절하다.
어휘 • plastic 플라스틱

08 내 친구들 중 한 명은 배우이다.
해설 '~ 중의'라는 뜻을 갖고 있는 전치사 of를 사용한다.
중요 표현 ■ one of the(혹은 소유격)+복수명사: ~ 중의 하나
어휘 • actor 배우

09 그는 비행기로 제주도에 갔다.
해설 교통수단 앞에 by를 쓰면 '~로, ~을 타고'의 의미가 된다.

10 그녀는 오전에 2시간 동안 책을 읽었다.
해설 '~ 동안'의 의미로 어떤 기간을 나타내는 말 앞에 전치사 for를 사용한다.

C

11 케이크를 먹은 후에 나는 배가 불렀다.
해설 '나는 배가 불렀다.+케이크를 먹은 후에' 두 문장은 접속사 after를 사용하여 이을 수 있다.
중요 표현 ■ feel+형용사: ~함을 느끼다
어휘 • felt 느꼈다(feel의 과거형)
• ate 먹었다(eat의 과거형)

12 그는 아팠지만 학교에 갔다.
해설 '그는 아팠다.+그러나 그는 학교에 갔다.' '그러나'의 의미를 가진 but을 사용한다.
중요 표현 ■ go to school: 학교에 가다

13 내가 그들을 방문했을 때 그들은 춤을 추고 있었다.
해설 '내가 그들을 방문했을 때+그들은 춤을 추고 있었다.' 두 문장은 '~할 때'를 나타내는 when으로 연결한다.

14 그녀는 책을 많이 읽어서 똑똑하다.
해설 '그녀는 책을 많이 읽는다.+그래서 그녀는 똑똑하다.' '그래서'라는 뜻의 접속사 so로 두 문장을 연결한다.
어휘 • smart 똑똑한

15 나는 공부를 열심히 했기 때문에 시험을 통과했다.
해설 '나는 시험에 통과했다.+왜냐하면 나는 공부를 열심히 했기 때문이다.' because를 사용하여 원인과 결과를 표현할 수 있다.
어휘 • pass 통과하다, 합격하다

Actual Test

본문 84~87쪽

01 ⑤ 02 ② 03 ① 04 ①
05 eight forty-five
06 two thousand eleven / twenty eleven
07 ③ 08 ④ 09 is, swimming
10 ⑤ 11 ① 12 ④, ⑤ 13 ②, ④
14 ③ 15 bigger 16 don't 17 ④
18 ⑤ 19 ④ 20 but, doesn't (like it)
21 so, turned on the air conditioner
22 (1) He should study hard.
(2) She has to wear a uniform at school.
23 (1) How big the pizza is
(2) What a smart boy he is
24 (1) are singing on the table
(2) is sleeping under the table

01 ① 두 번째
② 다섯 번째
③ 아홉 번째
④ 열한 번째
⑤ 스무 번째
해설 20, 30, 40 등의 십의 자리 기수는 -ty로 끝나는데 서수로 나타낼 때는 끝의 y 대신 ieth를 쓴다. 따라서 20(twenty)의 서수는 twentieth 라고 써야 한다.

02 ① 그는 피곤할지도 모른다.
② 너는 들어와도 좋다.
③ 그녀는 아마도 이 자동차를 좋아할 것이다.
④ 그 소식은 사실이 아닐지도 모른다.
⑤ 그는 아마도 정답을 모를 것이다.
해설 ①, ③, ④, ⑤에 사용된 may는 '~일지도 모른다'라는 뜻의 '추측'의 의미로 사용되었고, ②에 사용된 may는 '~해도 좋다'라는 뜻의 '허가[허락]'의 의미로 사용되었다.
중요 표현 ■ may: ~일지도 모른다, ~해도 좋다
■ come in: (안으로) 들어오다
어휘 • tired 피곤한
• true 사실의, 진실의
• answer 정답

03 시험에 대해 이야기하지 말자.
해설 '~하자'의 뜻인 청유문은 Let's로 시작하는데 '~하지 말자'의 뜻인 부정문을 만들려면 Let's 다음에 not을 쓴다.
중요 표현 ■ Let's + 동사원형: ~하자
■ Let's not + 동사원형: ~하지 말자
어휘 • test 시험

04 Jason은 종종 비빔밥과 잡채 같은 한국 음식을 요리한다.
해설 빈도부사는 일반적으로 be동사나 조동사의 뒤, 일반동사의 앞에 위치한다. 이 문장에서는 일반동사(cook)가 사용되었기 때문에 often은 그 바로 앞에 위치한다.
어휘 • like ~같은

05 A: 지금 몇 시야?
B: 8시 45분이야.
해설 시각을 읽을 때는 '시'와 '분'을 차례대로 읽는다.
중요 표현 ■ What time is it?: 지금 몇 시입니까?

06 A: 너는 언제 태어났니?
B: 나는 2011년에 태어났어.
해설 연도를 읽을 때는 원칙적으로 두 자리씩 끊어 읽고, 네 자리를 통째로 읽기도 한다.
중요 표현 ■ be born: 태어나다
어휘 • thousand 천(1,000)

07 ① 정말 멋지구나!
② 그것은 정말 맛있다!
③ 진짜 재미있는 이야기네!
④ 그녀는 정말 아름답구나!
⑤ 그 자동차는 정말 비싸다!
해설 감탄문은 〈How + 형용사(+주어+동사)!〉 또는 〈What + (a/an) + 형용사 + 명사(+주어+동사)!〉로 나타낼 수 있다. 따라서 ①, ②, ④, ⑤의 빈칸에는 How가 들어가고, ③에만 What이 들어감을 알 수 있다.
어휘 • delicious 맛있는
• funny 재미있는
• beautiful 아름다운
• expensive 비싼

08 A: 너는 장래에 무엇이 되고 싶니?
B: 나는 축구 선수가 되고 싶어.
A: 네가 가장 좋아하는 축구 선수는 누구야?
B: 나는 Messi를 가장 좋아해.
해설 각 질문의 대답을 통해 질문에 사용된 의문사를 짐작할 수 있다.
중요 표현 ■ in the future: 미래에, 장래에
■ soccer player: 축구 선수
■ like ~ best: ~을 가장 좋아하다
어휘 • want 원하다
• favorite 가장 좋아하는

09 그는 수영장에서 수영을 하고 있다.
해설 현재진행형 문장은 〈be동사의 현재형+동사의 -ing형〉으로 나타낼 수 있다. 주어 He에 맞는 be동사 is를 쓰고 swim에 -ing를 붙인 형태를 써 주면 되는데, 이때 swim이 〈단모음+단자음〉으로 끝나기 때문에 마지막 자음(m)을 한 번 더 써 주는

것에 유의한다.

10 ① Peter는 Evan보다 키가 더 작다.
② James는 Peter보다 키가 더 크다.
③ James는 Evan보다 나이가 더 어리다.
④ Evan은 Peter보다 나이가 더 많다.
⑤ Evan은 James보다 키가 더 작다.

해설 Evan(144cm)은 James(139cm)보다 키가 더 크기 때문에 ⑤의 설명은 옳지 않다.

중요 표현 ■ 비교급+than: ~보다 더 …한

어휘 • short 키가 작은, 짧은
• young 나이가 어린

11 • 너는 수학과 과학 중 어느 것을 더 좋아하니?
• 너는 할아버지를 오늘 방문할 거니 아니면 내일 방문할 거니?

해설 두 문장 모두 둘 중 하나를 선택하라는 의미를 담고 있는 선택의문문이다. 선택의문문에는 '또는[혹은]'이라는 뜻의 접속사 or를 사용한다.

중요 표현 ■ Which do you like better, A or B?: 너는 A와 B 중에서 어느 것을 더 좋아하니?
■ be going to+동사원형: ~할 것이다

어휘 • better 더 많이
• math 수학
• science 과학
• visit 방문하다
• grandpa 할아버지(= grandfather)

12 ① Tom은 친구가 많다.
② 나는 많은 음식이 필요하지 않다.
③ 그녀는 많은 물을 마셨다.
④ 나는 돈이 많지 않다.
⑤ 테이블 위에 장난감이 많이 있다.

해설 many는 셀 수 있는 명사의 복수형 앞에, much는 셀 수 없는 명사 앞에 사용되며, a lot of는 두 가지 모두에 사용할 수 있다. money는 셀 수 없는 명사이고 toy는 셀 수 있는 명사이다. 따라서 ④에는 much나 a lot of, ⑤에는 many나 a lot of가 사용되어야 한다.

중요 표현 ■ a lot of: 많은
■ There is[are] ~: ~(들)이 있다

어휘 • need 필요하다
• drank 마셨다(drink의 과거형)
• toy 장난감

13 ① 그녀는 2012년에 태어났다.
② 우리는 1월 15일에 만났다.
③ 그는 8시 정각에 집에 도착했다.
④ 나는 보통 겨울에는 밖에 나가지 않는다.
⑤ 나는 내 생일에 성대한 파티를 열었다.

해설 at은 시각 앞에, on은 날짜 또는 특별한 날 앞에, in은 월, 계절, 연도 앞에 사용한다. 따라서 ②에는 on(날짜 앞), ④에는 in(계절 앞)이 사용되어야 한다.

중요 표현 ■ be born: 태어나다
■ have a party: 파티를 열다

어휘 • met 만났다(meet의 과거형)
• January 1월
• arrive 도착하다
• o'clock 정각
• usually 보통, 대개

14 나는 오늘 도서관에 가서 책을 몇 권 읽을 것이다.

해설 be going to는 '~할 것이다'라는 뜻으로 미래 시제에 사용된다.

중요 표현 ■ be going to+동사원형: ~할 것이다

어휘 • library 도서관
• must ~해야 한다

15 수박은 사과보다 더 크다.

해설 일반적으로 형용사의 끝에 -er을 붙여 비교급을 만들지만, big의 경우 〈단모음+단자음〉으로 끝나기 때문에 마지막 자음(g)을 한 번 더 쓰고 -er을 붙여 비교급(bigger)을 만든다.

중요 표현 ■ A is+비교급+than B: A는 B보다 더 ~하다

어휘 • watermelon 수박

16 동물들에게 먹이를 주지 마세요.
빵과 과자가 동물들의 건강에 좋지 않습니다.

해설 부정명령문은 〈Don't+동사원형〉으로 쓴다.

어휘 • feed 먹이를 주다
• animal 동물
• snack 간식, 과자
• healthy 건강한, 건강에 좋은

17 내 이름은 Sam이다. 나는 12살이다. 나는 Boston에서 태어났지만 지금은 Chicago에 살고 있다. 나는 요리하는 것을 좋아하기 때문에 요리사가 되기를 원한다.

① 그의 이름은 무엇이니?
② 그는 몇 살이니?
③ 그는 지금 어디에 사니?
④ 그는 언제 Chicago로 이사했니?
⑤ 그는 왜 요리사가 되고 싶어 하니?

해설 글쓴이는 Boston에서 태어났고 지금은 Chicago에 살고 있다고 했지만, 언제 Chicago로 이사 왔는지는 언급하지 않았다.

어휘 • chef 요리사
• because (왜냐하면) ~ 때문이다

18~19 오늘 나는 7시 30분에 일어났다. 나는 Jenny와 버스를 타고 학교에 갔다. 방과 후에 Jenny와 나는 쇼핑몰에 갔다. 우리는 우리 친구인 Julie의 생일 선물을 사고 싶었다. 우리는 작은 선물을 산 후에 서점으로 갔다. 정말 바쁜 날이었다!

18 **해설** with는 '~와 함께'라는 뜻으로 사용할 수 있으며 bus 같은 교통수단 앞에 by를 써서 '~로'라는 뜻으로 표현할 수 있다.

19 **해설** Sarah는 학교가 끝난 후에 친구의 선물을 사러 쇼핑몰에 갔고, 그 이후에 서점에 갔다고 말했다.

중요 표현 ■ wake up: (잠에서) 깨다, 일어나다
■ by + 교통수단: ~로

어휘 • woke 깼다(wake의 과거형)
• mall 쇼핑 몰
• birthday 생일
• present 선물
• bookstore 서점
• bought 샀다[구입했다](buy의 과거형)
• gift 선물

20 Sandy는 치즈를 좋아하지만 David은 좋아하지 않는다.

해설 '그러나'라는 뜻의 접속사인 but을 사용하여 반대되는 상황을 자연스럽게 연결할 수 있다.

어휘 • cheese 치즈

21 날씨가 더워서 Bob은 에어컨을 켰다.

해설 '그래서'라는 뜻의 접속사인 so를 사용하여 원인과 결과를 자연스럽게 연결할 수 있다.

중요 표현 ■ turn on: ~을 켜다
■ air conditioner: 에어컨

어휘 • so 그래서

22 (1) 그는 열심히 공부해야 한다.
(2) 그녀는 학교에서 교복을 입어야 한다.

해설 (1) should는 조동사이기 때문에 뒤에 동사의 원형(study)을 써야 한다.
(2) 주어(She)가 3인칭 단수이기 때문에 have가 아닌 has를 써야 한다.

중요 표현 ■ have to: ~해야 한다

어휘 • should ~해야 한다
• hard 열심히
• wear 입다
• uniform 유니폼, 교복

23 (1) 피자가 정말 크구나!
(2) 그는 정말 똑똑한 소년이네!

해설 (1) How로 시작하는 감탄문은 〈How + 형용사(+주어+동사)!〉의 어순으로 쓴다.
(2) What으로 시작하는 감탄문은 〈What + (a/an) + 형용사 + 명사(+주어+동사)!〉의 어순으로 쓴다.

어휘 • smart 똑똑한

24 (1) 두 마리의 새들이 테이블 위에서 노래하고 있다.
(2) 개 한 마리가 테이블 아래에서 잠을 자고 있다.

해설 현재진행형은 〈be동사의 현재형 + 동사의 -ing형〉으로 나타내는데 Two birds는 복수이기 때문에 are를, A dog는 단수이기 때문에 is를 쓴다. 위치나 장소를 묘사할 때 사용하는 전치사 중에서 '~ 위에'라는 뜻의 on과 '~ 아래에'라는 뜻의 under를 사용한다.

어휘 • sing 노래하다
• sleep 잠을 자다
• under ~ 아래에

EBS랑 홈스쿨 초등 영어

정답과 해설